四部要籍選刊・經部　蔣鵬翔 主編

阮刻儀禮注疏

五

〔清〕阮元 校刻

浙江大學出版社

本册目録

卷第三十三

儀禮疏卷第二十六下　儀禮卷第十

覲禮第十

（疏）覲禮第十○鄭目録云覲見也諸侯秋見天子之禮春見曰朝夏見曰宗秋見曰覲冬見曰遇朝宗禮備覲遇禮省是以享獻不見焉三時禮亡唯此存爾覲禮於五禮屬賓大戴第十六小戴十七別録第十○釋曰鄭云春見曰朝等大宗伯文云朝宗禮備覲遇禮省者按曲禮下云天子當扆而立諸侯北面而見天子曰覲天子當宁而立諸公東面諸侯西面曰朝鄭注諸侯春見曰朝受摯於朝受享於廟生氣文也秋見曰覲一受之於廟殺氣質也朝者位於内朝而序進覲者位於廟門外而序入王南面立於扆宁而受焉夏宗依春冬遇依秋春秋時齊侯唁魯昭公以遇禮相見取易略也覲禮今存朝宗遇禮今亡據此彼而言是朝宗禮備覲遇禮省可知鄭又云是以享獻不見焉者享謂朝覲而行三享獻謂三享後行私覿私覿後即有私獻獻其珍異之物故聘禮記云既覿賓若私獻奉獻將命注云時有珍異之物或賓奉之所以自序尊敬也猶以君命致之臣聘猶有私獻況諸侯朝覲有私獻可知是以周禮大宰職云大朝覲會同贊玉幣玉獻注云幣諸侯享幣玉獻獻國珍異亦執玉以致之大朝覲會同既有私獻者四

時常朝有私獻可知案下文有享亦當有獻而云享獻不見者案周禮大行人云上公冕服九章介九人賓主之間九十步廟中將幣三享侯伯子男亦云鄭云朝先享不言朝者朝正禮不嫌有等彼據春夏朝宗而言不見秋冬者以四時相對朝宗禮備故見之覲遇禮省故略而不言此下文見享者不對春夏故言之鄭云是以享獻不見者據周禮大行人而說也必知鄭據大行人者以其引周禮四時朝見即云是以享獻不見明鄭據周禮大行人而言也有人解享字上讀以獻不見爲義者苟就此文有享無獻不辭之甚也

儀禮　鄭氏注

覲禮至于郊王使人皮弁用璧勞侯氏亦皮弁迎于帷門之外再拜郊謂近郊去王城五十里小行人職曰凡諸侯入王則逆勞于畿則郊勞者大行人也皮弁者天子之朝朝服也璧無束帛者天子之玉尊也不言諸侯言侯氏者明國殊舍異禮不凡之也郊舍狹寡爲帷宮以受勞掌舍職曰爲帷宮設旌門

疏覲禮至再拜○注郊謂至旌門○釋曰自此盡乃出論侯氏至近郊天子使使者勞侯氏之事云郊謂近郊者案聘禮云至於近郊君使卿勞故知此郊者亦近郊也知

近郊去王城五十里者成周與王城相去五十里而君陳序
云分正東郊成周鄭云今河南洛陽相去則然是近郊五十
里也引小行人職者約近郊勞是大行人以其尊者宜逸小
行人既勞于畿明近郊使大行人也案大行人上公三勞侯
伯再勞子男一勞此雖不辨勞數案小行人云凡諸侯入王
則逆勞于畿不辨尊卑則五等同有畿勞其子男唯有此一
勞而已侯伯又加遠郊勞上公又加近郊勞則此云近郊據
上公而言若然聘禮使臣聘而云近郊勞者臣禮異於君禮
君禮宜先遠臣禮宜先近故也若然書傳畧說云天子之子
十八曰孟侯者於四方諸侯來朝迎於郊孝經注亦云天子
使世子郊迎者皆異代法非周禮也案玉人職云案十有二
寸棗栗十有二列諸侯純九大夫純五夫人以勞諸侯注云
夫人謂王后勞諸侯皆九勞大夫皆五此文不見者以其聘
禮於聘客主國夫人尚有勞以二竹簋方明后亦有畧言王
勞不言后文不具也云皮弁者天子之朝朝服者司服云眡
朝則皮弁故知在朝服皮弁至入廟乃裨冕也云璧無束帛
者天子之玉尊者此對諸侯玉卑故聘禮云束帛加璧是諸
侯臣所執小行人合六幣云璧以帛琮以錦琥以繡璜以黼
是諸侯所執以致享皆有束帛配之諸侯玉卑故也此乃行
勞所用以享禮況之耳云不言諸侯言侯氏者明國殊舍異

禮不凡之也者言諸侯則凡之摠稱言侯氏則指一身不凡之也而所勞之處或非一國舍處不同故不摠言諸侯而云侯氏也云郊舍狹寡爲帷宮以受勞者周禮十里有廬三十里有宿五十里有市市有館郊關之所各自有舍或來者多館舍狹寡故不在館舍以帷爲宮以受勞禮也云掌舍職曰爲帷宮設旌門者謂爲帷宮則設旌旗以表四門彼天子所舍平地之事引之者證諸侯行亦有帷宮設旌爲門之事也案聘禮使卿勞賓受於門內司儀諸侯之臣相爲國客亦是受勞於館不爲帷宮者彼臣禮卿行旅從徒衆少故在館此諸侯禮君行師從徒衆多故於帷宮襄二十八年左氏傳云子產相鄭伯以如楚舍不爲壇注云至敵國郊除地封土爲壇以受郊勞又外僕言曰先大夫相先君適四國未嘗不爲壇今子草舍無乃不可乎子產曰大適小則爲壇小適大苟舍而已焉用壇彼亦是諸侯相朝當爲壇以帷爲宮受勞之事也

使者不荅拜遂執玉三揖至于階使者不讓先升侯氏升聽命降再拜稽首遂升受玉使者不荅拜者爲人使不當其禮也不讓先升奉王命尊也升者升壇使者東面致命侯氏東階上西面聽之疏使者

至受玉○注不荅至聽之○釋曰云升者升壇者以離宮無堂可升故知升者升壇也云使者東面致命侯氏東階上西面聽之者知面位如此者並約下文就館賜侯氏車服而知也

使者左還而立侯氏還璧使者受侯氏降再拜稽首使者乃出左還還南面示將去也立者見侯氏將有事於己俟之也還玉重禮

〔疏〕使者至乃出○注左還至重禮○釋曰凡云使者左還不云拜送玉者凡奉命使皆不拜送若卿歸饔餼不拜送幣亦斯類也若身自致者乃拜送下文儐使者及聘禮私覿私面皆拜送幣是也云左還還南面示將去也者以其東面致命而左還明左還者南面也未降而南面示將去故也云立者見侯氏將有事於己俟之者經云而立即云侯氏還璧故知立者見侯氏將有還玉之事於己故俟之不降云還玉重禮者案聘義圭璋還之璧琮加束帛報之所以輕財重禮彼以璧琮不還則爲輕財者以其璧琮加束帛故爲輕財不還此以天子之璧不加束帛尊之與圭璋同故亦還之爲重禮也

侯氏乃止使者使者乃入侯氏與之讓升侯氏先升授几侯

侯氏先升賓禮統焉几者安賓所以崇優厚也

氏拜送几使者設几荅拜

上介出止使者則已布席也〔疏〕侯氏至荅拜○注侯氏至席也○釋曰自此盡送從之論侯氏儐使者送從入朝之事云侯氏先升賓禮統焉者行賓禮是賓客之禮是以賓在館爲主人主人先升使者爲賓後升故云禮統焉謂賓統有此堂也云几者安賓所以崇優厚者按大宰云贊玉几注云立而設几優尊也此使者亦不坐而設几故云所以優厚也聘禮卿勞受儐不設几者諸侯之卿卑故不與此同也云上介出止使者則已布席者經不云上介出止使者鄭云上介出止使者案至館皆不敢當皆使上介出請事又見此經云使者乃入始云侯氏與之讓升是侯氏不出故知使上介止使者也云則已布席者與其素不云布席而云設几几不可設於地明有席席之所設唯在此時案聘禮受聘云几筵既設是几筵相將故云上介出止使者則已布席也

侯氏用束帛乘馬儐使者使者再拜受侯氏再拜送幣

儐使者所以致尊敬也拜者各於其階〔疏〕侯氏至送幣○注儐使至其階○釋曰云儐使者所以致尊敬也者案聘禮使卿用束帛勞賓賓不遂束

帛賓儐卿以束錦此使者以玉勞侯氏侯氏還玉仍亦儐使者是致尊敬天子之使故也知拜各於其階者此賓與使行敵禮若鄉飲酒鄉射賓主拜各於其階也

使者降以左驂出侯氏送于門外再拜侯氏遂從之

騑馬曰驂左驂設在西者其餘三馬侯氏之士遂以出授使者之從者于外從之者遂隨使者以至朝

〔疏〕○使者至從之○注騑馬至至朝○釋曰知左驂設在西者陳四馬與人以西為上案聘禮禮賓時賓執左馬以出此亦以左驂出故知左驂設在西也又知其餘三馬侯氏之士遂以出授使者之從者于外者亦案聘禮禮賓執左馬以出記云主人之庭實則主人遂以出賓之士訝受之此侯氏在館如主人明三馬亦侯氏之士以出授使者從者可知云從之者遂隨使者以至朝者亦如聘禮云下大夫勞賓使者遂以賓入至於朝其義同故知義然也

天子賜舍

以其新至道路勞苦未受其禮且使即安也賜舍猶致館也所使者司空與小行人為承擯今文賜皆作錫

〔疏〕○天子賜舍○注以其至作錫○釋曰自此盡乘馬論賜侯氏舍館侯氏儐使之事云賜舍猶致館者猶聘禮賓至於朝君使卿致館此不言致館言賜舍者天子尊極故言賜舍也

云所使者司空與者聘禮使卿致館此亦宜使卿知是司空非卿者周禮以天地春夏秋冬六卿無致館之事司空主營城郭宮室館亦宮室之事故知所使者司空也但司空亡無正文故云與以疑之知小行人爲承儐者案聘禮致館賓主人各擯介故知此亦陳擯介必知使小行人爲承擯者案小行人云及郊勞眡館將幣爲承而擯是其義也

曰伯父女順命于王所賜伯父舍此使者致館辭〔疏〕曰伯至父舍○注此使者致館辭○釋曰此及下經皆云伯父者案下文謂同姓大國舉同姓大國則同姓小國及異姓之國禮不下殊也

侯氏再拜稽首受館儐之束帛乘馬王使人以命致館無禮猶儐之者尊王使也侯氏受館於外既則儐使者於內〔疏〕儐之束帛乘馬○注王使至於內○釋曰云王使人以命致館無禮猶儐之者尊王使也者決聘禮卿無禮致館賓無束帛儐卿此王使亦無禮致館其賓猶儐使者用束帛乘馬故云尊王使也云侯氏受館於外者案聘禮大夫帥至館卿致館而云賓迎再拜卿退賓送再拜則聘禮致館不在外此不見大夫帥至館即云天子賜舍是侯氏受舍于外可知與聘禮與也知既則儐使者於內者以其既受館則爲己所有

明儐使者在內可知也

天子使大夫戒曰某日伯父帥乃初事大夫者卿爲訝者也掌訝職曰凡訝者賓客至而往詔相其事戒猶告也其爲告使順循其事也初猶故也古文帥作率【疏】天子至初事○注大夫至作率○釋曰自此盡再拜稽首論天子使大夫戒侯氏期日使行覲禮之事知大夫是卿爲訝者以其周禮秋官掌訝職云諸侯有卿訝故知大夫即卿爲訝者云其爲告使順循其事也初猶故者以其四時朝覲自是尋常故使恒循故事之常也

侯氏再拜稽首受覲日也

諸侯前朝皆受舍于朝同姓西面北上異姓東面北上言諸侯者明來朝者衆矣顧其入覲不得並耳受舍於朝受次於文王廟門之外聘禮記曰宗人授次次以帷少退于君之次則是次也言舍者尊舍也天子使掌次爲之諸侯上介先朝受焉此覲也言朝者覲遇之禮雖簡其來之心猶若朝也分別同姓異姓受之將有先後也春秋傳曰寡人若朝于薛不敢與諸任齒則周禮先同姓【疏】諸侯至北上○注言諸至同姓○釋曰此一經論前朝一日諸侯各遣上介受次於朝之事云言諸侯者明來朝者衆矣

者上注云言侯氏者明國殊舍異禮不凡之於此言諸侯凡之者以其諸國同時遣上介故言來朝者衆矣若其行禮自有前後故鄭云顧其人覲不得並耳云受舍於朝受次于文王廟門之外者以其春夏受贄於朝無迎法受享於廟有迎禮秋冬受贄受享皆在廟並無迎法是以大門外無位既受覲於廟故在大門外受次知在文王廟門外者案聘禮云不賓先君之祧既拚以俟則諸侯待朝聘之賓皆在大祖之廟以其諸侯者無二祧遷主所藏皆在始祖之廟故以始祖爲祧案天子待覲遇亦當在祧祭法云天子七廟有二祧又案周禮守祧職云掌守先王先公之廟祧鄭注遷主所藏曰祧穆之遷主藏於文王廟昭之遷主藏於武王廟今不在武王廟而在文王廟者文尊而子卑故知在文王廟也若然先公木主藏於后稷廟受覲遇不在后稷廟者后稷生非王故不宜在尊云言舍者尊舍也者此賓以帷爲次非屋舍尊天子之次故以屋舍言之是尊舍也若天子春夏受享諸侯相朝聘迎賓客者皆有外次即聘禮記宗人授次是也有外次於大門外者則無廟門外之內次天子覲遇在廟者有廟門外之內次無大門外之外次此文是也云天子使掌次爲之者案周禮掌次云掌王次舍之法以待張事故知使掌次爲之諸侯兼官無掌次使館人爲之故聘禮云館人布幕于寢門

外鄭注云館人掌次舍帷幕者是也云諸侯上介先朝受焉者知使上介者案下文諸侯覲於天子爲宮方三百步上介皆奉其君之旂置于宮明知此亦使上介也云其來之心猶若朝也者案周禮大宗伯云春曰朝秋曰覲鄭注云朝之言朝也欲其來之早覲之言勤欲其勤王事各舉一邊而言其實早來勤王通有也故鄭云其來之心猶若朝故變覲言朝也云分別同姓異姓受之將有先後者案此經同姓西面異姓東面案下曲禮云天子當依而立諸侯北面而見天子曰覲彼此皆是覲禮彼諸侯皆北面不辨同姓異姓與此不同者此謂廟門外爲位時彼謂入見天子時故鄭注云覲者位於廟門外而序入人謂北面見天子時引春秋者案隱十一年經書滕侯薛侯來朝左傳曰爭長薛侯曰我先封滕侯曰我周之卜正也薛庶姓也我不可以後之公使羽父請於薛侯曰君與滕君辱在寡人周諺有之曰山有木工則度之賓有禮主則擇之周之宗盟異姓爲後寡人若朝于薛不敢與諸任齒君若辱貺寡人則願以滕君爲請薛侯許之乃長滕侯也若然彼服注云爭長先登授玉此位在門外引之者以其在先即先登外內同故引以爲證

侯氏裨冕釋幣于禰將覲質明時也裨冕者衣裨衣而冠冕也裨之爲言埤也天子六服大裘爲上其餘

爲裨以事尊卑服之而諸侯亦服焉上公袞無外龍侯伯鷩子男毳孤絺卿大夫玄此差司服所掌也禰謂行主遷主矣而云禰親之也釋幣者告將覲也其釋幣如聘大夫將受命釋幣于禰之禮既則祝藏其幣歸乃埋之於祧西階之東今文冕皆作○絻

疏 侯氏至于禰○注將覲至爲絻○釋曰此經明諸侯之在館內將覲於王先釋幣告於行主之禮知將覲質明時者案聘禮賓厥明釋幣于禰故知此亦質明時也云裨之言埤者讀從詩政事一埤益我取裨陪之義云天子六服大裘爲上其餘爲埤○者天子吉服有九而言六服者據六冕而言以大裘爲上無埤義袞冕以下皆爲裨故云其餘爲裨云以事尊卑服之者即司服所云王祀昊天上帝則大裘而冕祀五帝亦如之祀先王則袞冕以下至小祀則玄冕舉天子而言故云以事尊卑服之云而諸侯亦服焉者亦據司服而言諸侯唯不得有大裘上公則袞冕以下故鄭云此差司服所掌也云上公袞無外龍者案白虎通引禮記曰天子乘龍載大旗象日月外龍傳曰天子外龍諸侯降龍以此言之上得兼下下不得僭上則天子外降俱有諸侯直○有降龍而已若然彼外龍文承大旗之下知不施於旂旗而據衣服者案司常云交龍爲旂又云諸侯建旂注云諸侯畫交龍一象其外朝一象其下復則旂旗外降俱有而自

虎通云諸侯降龍者據衣服而言案玉藻諸侯玄冕以祭不得服衮冕以下是以鄭注司服云諸侯自於其家則降若然諸侯自家祭降魯與二王之後皆不得用衮冕鷩冕毳冕則此。及孤卿大夫絺冕玄冕者是入君廟及入天子之廟故服也今云諸侯告禰用裨冕者將入天子之廟故服以告禰謂若曾子問云諸侯裨冕以朝鄭注云爲將廟受亦斯之類也云禰謂行主遷主矣者案禮記曾子問云師行必以遷廟主行乎孔子曰天子巡守以遷廟主行載于齊車言必有尊也彼雖據天子其諸侯行亦然以其皆有遷廟木主若然大夫無木主聘禮賓釋幣于禰者大夫雖無木主以幣帛主其神亦爲行主也而云禰親之者以其在外唯有遷主可事故不言遷主而云禰也云其釋幣如聘大夫將受命釋幣于禰之禮者案聘禮將行釋幣于禰此禰無文故約與之同乃受命即出行故云將受命釋幣于禰皆是告將行無祭祀知既則祝藏其幣歸乃埋之於祧西階之東者此無正文案聘禮祝告祝又入取幣降卷幣實于笄埋于西階東此亦與彼同云祧者諸侯遷主藏於始祖之廟諸侯既以始祖之廟爲祧遷主歸還入祧廟故知此幣埋於祧西階之東也

乘墨車載龍旂弧韣乃朝以瑞玉有繅 墨車大夫制也乘之

者人天子之國車服不可盡同也交龍爲旂諸侯之所建弧所以張縿之弓也弓衣曰韣瑞玉謂公桓圭侯信圭伯躬圭子穀璧男蒲璧繅所以藉玉以韋衣木廣袤各如其玉之大小以朱白蒼爲六色今文玉爲圭繅或爲璪

【疏】乘墨至有繅○注墨車至爲璪○釋曰自此盡乃出論諸侯發館至天子廟門之外以次行覲禮之事云墨車大夫制也者案周禮巾車職云孤乘夏篆卿乘夏縵大夫乘墨車士乘棧車庶人乘役車故知乘車大夫制也必言墨車大夫制者對玉路金路象路路之等天子諸侯之制也云乘之者入天子之國車服不可盡同者巾車云同姓金路異姓象路四衛革路並得與天子同據在本國所乘下記云偏駕不入王門偏駕金路象路等是也既不入王門舍於客館乘此墨車以朝也云交龍爲旂諸侯之所建者司常職文也云弧所以張縿之弓也者爾雅說旌旗正幅爲縿故以此弧弓張縿之兩幅故云張縿之弓也云弓衣曰韣者案月令云后妃帥九嬪御乃禮天子所御帶以弓韣授以弓矢于高禖之前言帶以弓韣是弓衣可知云瑞玉謂公桓圭之等皆大宗伯典瑞職文云繅所以藉玉至爲六色其義疏已見於聘禮記

天子設斧依於戶牖之閒左右几依如今綈素屏風也有繡斧文所以

示威也斧謂之黼几玉几也左右者優至尊〔疏〕天子至右
也其席莞席紛純加繅席畫純加次席黼純几〇注依
如至黼純〇釋曰云依如今綈素屏風也者案爾雅牖戶之
閒謂之扆以屏風爲斧文置於依地孔安國顧命傳云扆屏
風畫爲斧文置戶牖間是也言綈素者綈赤也素白也漢時
屏風以綈素爲之象古者白黑斧文故鄭以漢法況之云有
繡斧文所以示威也者案周禮繢人云青與赤謂之文赤與
白謂之章白與黑謂之黼黑與青謂之黻五色備謂之繡此
白黑斧以北方繡次爲之故云有繡斧文所以示威也云斧
謂之黼者據繡次言之白與黑謂之黼即爲此黼字也據文
體形與言之刃白而釜黑則爲此斧字故二字不同也云几
玉几也者案周禮司几筵云左右玉几故知此几是玉几也
注左右有几優至尊也亦與此同又案大宰云贊玉几鄭注
云玉几王所依也立而設几優尊者但几唯須其一又几坐
時所以爲依今左右及立而設之皆是優至尊也兩注相兼
乃具云其席莞席以下亦司几筵文案彼云大朝覲大饗射
凡封國命諸侯王位設黼依依前南鄉設莞席紛純等鄭注
云紛純者紛如綬有文而狹繅席者削蒲蒻展之編以五采
若今合歡矣畫純者謂畫雲氣次席者桃枝席有次列成文
此次席即顧命所謂篾席也篾謂竹青據竹而言次謂次列

據文體而說是以顧命云牖間南嚮敷重篾席孔傳云桃枝竹義與鄭同

天子袞冕負斧依袞衣者裨之上也繢之繡之爲九章其龍天子有升龍有降龍衣此衣而冠冕南鄉而立以俟諸侯見

疏天子袞冕負斧依○注袞衣至侯見○釋曰云負斧依者負謂背之南面也云袞衣者裨之上也者但裨衣者自袞冕至玄冕五者皆裨衣故云裨之上也上文云裨衣者揔五等諸侯指其衣有三等不得定其衣號故言揔裨衣此據天子一身故指其衣體言袞冕云繢之繡之爲九章者衣繢而裳繡衣在上爲陽陽主輕浮故對方爲繢次裳在下爲陰陰主沈深故刺之爲繡次是以尚書衣言作繢裳言絺繡爲九章者鄭注司服云冕服九章登龍於山登火於宗彝尊其神明也九章初一曰龍次二曰山次三曰華蟲次四曰火次五曰宗彝皆畫以爲繢次六曰藻次七曰粉米次八曰黼次九曰黻皆絺以爲繡則袞之衣五章裳四章凡九也云南鄉而立者此文及司几筵雖不云立案下曲禮云天子當宁而立又云當扆而立在朝在廟皆云立故知此南面而立以俟諸侯之見也

嗇夫承命告于天子嗇夫蓋司空之屬也爲末擯承命於侯氏下介傳而上上擯以告于天子天子見公擯者五人見侯伯擯者四

人見子男擯者三人皆宗伯 疏 嗇夫至天子○注嗇夫至爲上擯春秋傳曰嗇夫馳 大馳○釋曰云嗇夫蓋司空之屬也者無正文知司空屬者案五官之內無嗇夫之名故知是司空之屬但司空職亡故言蓋以疑之云末擯承命於侯氏下介傳而上上擯以告于天子者案周禮司儀職兩諸侯相朝皆爲交擯則此諸侯見天子交擯可知此所陳擯介當在廟之外門東陳擯從北鄉南門西陳介從南鄉北各自爲上下此經先云嗇夫承命告于天子則命先從侯氏出下交天子得命呼之而入命又從天子下至侯氏即令入故下注云君乃許入若然此覲遇之禮畧唯有此一辭而已無三辭之事司儀云交擯三辭者據諸侯自相見於大門外法其天子春夏受享於廟見於大門外亦可交擯三辭矣云天子見公擯者五人以下並大行人文云皆宗伯爲上擯者案大宗伯職云朝覲會同則爲上相鄭注云相詔王禮也出接賓曰擯入詔禮曰相若四時常朝則小行人爲承擯故小行人職云將幣爲承而擯此文嗇夫爲末擯若子男三擯此則見交若侯伯四擯別增一士若上公五擯更別增二士若時會殷同則肆師爲承擯故肆師職云大朝覲佐擯鄭注云爲承擯是其義也引春秋傳者案左氏傳昭十七年夏六月朔日有食之叔孫昭子救日食引夏書云辰不集于房瞽奏鼓

嗇夫馳庶人走鄭引者欲見嗇夫是卑官得爲末擯之意也

天子曰非他伯父實來予一人嘉之伯父其入予一人將受之 言非他者親之辭嘉之者美之辭也上擯又傳此而下至嗇夫侯氏之下介受之傳而上上介以告其君君乃許入今文實作寔嘉作賀

疏 天子至受之○注言非至作賀○釋曰此經直云伯父其入不云迎之禮記郊特牲云覲禮天子不下堂而見諸侯故無迎法若然案夏官齊僕云掌馭金路以賓朝覲宗遇饗食皆乘金路其法儀各以其等爲車送逆之節者覲遇雖無迎法至於饗即與春夏同故連言之

侯氏入門右坐奠圭再拜稽首 入門而右執臣道不敢由賓客位也卑者見尊奠摯而不授

疏 ○注入門至不授○釋曰云卑者見尊奠摯而不授者案士昏禮云壻執鴈入奠鴈又云若不親迎則婦入三月然後壻見主人出門壻入門奠摯再拜出鄭注云奠摯者壻有子道不敢授也又士相見凡臣見於君奠摯再拜與此奠圭皆是卑者不敢授而奠之

擯者謁 謁猶告也上擯告以天子前辭欲親受之如賓客也其辭所易者曰伯父其升

疏

擯者謁○注謁猶至其升○釋曰云其辭所易者曰伯父其升者此又不見謁告之辭鄭注云上擯告以天子辭者謂擯者謁以上辭云天子曰非他伯父實來予一人嘉之伯父其入予一人將受之是擯者於門外傳下辭告之使入此擯者謁告還用彼辭所改易者唯改入字爲升故云伯父其升也以其喚使升堂親受之也

侯氏坐取圭升致命王受之玉侯氏降階東北面再拜稽首擯者延之曰升升成拜乃出擯者請之侯氏坐取圭則遂左降拜稽首遂王也從後詔禮曰延延進也

疏○侯氏至乃出○注擯者至進也○釋曰云侯氏坐取圭則遂左降者以經侯氏得擯者之告坐取圭即言升致命無出門之文明知遂向門左從左堂塗升自西階致命也云從後詔禮曰延延進也者以其賓升堂擯者不升若特牲少牢祝延尸使升尸升祝從升與此文同皆是從後詔禮之事

儀禮疏卷第二十六下

皇清嘉慶二十年
用文選樓藏本校

江西督糧道王賡言廣豐縣知縣阿應鱗栞

儀禮注疏卷二十六上挍勘記　阮元撰盧宣旬摘錄

上大夫

茆菹麋臡　毛本通解要義麋俱作麇○按周禮注作麇是也

仍有茆菹麋臡在　毛本麋作鹿陳閩監本通解要義俱作麋下同

一俎在特于俎東　陳閩同毛本于作干

魚腸胃倫膚

公侯伯大夫也　伯下要義有之字

庶羞西東

古文毋爲無　爲鍾本作作

豆實實于甕○篚實實于筐　筐徐陳閩葛楊氏俱作篚唐石經集釋通解敖氏俱作筐按注

及疏內筐字各本皆同則經文亦當作筐

故罋數加豆　陳閩俱無罋

庶羞陳于碑內

於此無矣　陳閩通解要義同毛本此作兔○按此是也

庭實陳于碑外

宜近內　宜徐本作且集釋通解楊氏俱作宜

參分庭陳之　監本要義同毛本庭下有一字

擬與賓入內　通解要義同毛本與作於

無擯　擯唐石經徐本集釋敖氏俱作擯通解楊氏毛本俱作儐說見聘禮

明日賓朝服

亦謂食侑幣　食下敖氏有與字
拜食與侑幣　毛本拜誤作賓
大夫相食
皆記異於君者　者單疏陳監俱作法
賓執粱與湆
上公食大夫大夫降階下　陳閩通解同毛本大夫二字不重出
受侑幣
又案左氏傳哀十七年　哀下陳閩俱有公字
平敵相於　陳本通解要義同毛本於作施
其他

釋曰云其他　此段疏八十六字今本俱誤作注

賓受于堂無擯　擯唐石經集釋敖氏俱從手徐本通解楊氏毛本俱从人

記享于門外東方

主婦視饎爨於西堂下者　陳本通解同閩監俱誤饎作饎毛本要義作膳○按特牲饋食作饎不作膳

司宮具几

今文萑皆爲莞　爲釋文作作與疏異

賓在戶牖之間　通解同毛本賓作實

故謂長筵也　浦鏜云必誤謂

宰夫筵出自東房　毛本房誤作方

賓之乘車

侯伯立當前疾 按大行人疾字詩疏引作侯是唐初人所見本作侯也此疏亦作疾未知賈氏原本如是抑後人誤改歟

鉶芼 鉶釋文作鈃〇牛藿 周學健云石經牛字作牛〇按石經牛字今已刓缺蓋初作牛而後改爲牛也

藿徐陳閩葛通解俱作霍集釋作藿徐本注仍作藿

今文苦爲芐 芐徐葛俱誤作芐

上大夫庶羞

所以食庶羞可也 毛本所以作以之

儀禮注疏卷二十六上挍勘記終

奉新余成教挍

儀禮注疏卷二十六下挍勘記　阮元撰盧宣旬摘錄

覲禮第十

覲禮第十　此本與上同卷

覲禮於五禮屬賓　賓下集釋有禮字

據此彼而言　陳閩俱無彼字要義有盧文弨改彼爲注

是以周禮大宰職云　要義無職字

覲禮○迎于帷門之外　帷石經補缺誤作惟

小行人職曰　張氏曰注曰小行人職日按監本日作日從監本○按嚴徐鍾本俱作曰

則逆勞于畿　逆徐本作迎

案玉人職云　毛本玉作王唯陳本作玉不誤

主國大人　主陳閩俱作王

市有館　有下要義有郊字非

司儀諸侯之臣　侯陳本作公

以帷爲宮受勞之事也　要義同帷爲二字毛本倒

侯氏乃止使者

則已布席也　張氏曰注曰上介出止使者則已布席也按杭本已作巳從杭本○按嚴徐鍾本集釋俱作巳

遂從入朝之事　陳閩要義同毛本朝作廟

經不云上介出止使者　要義無出字

使者降

其餘三馬　三徐陳閩葛通解楊氏俱作二集釋作三○按疏作三

天子賜舍

今文賜皆作錫　嚴本集釋同毛本無皆字

但司空亡無正文　陳閩監本要義楊氏同毛本無無字

曰伯父　唐石經無曰字

儐之束帛乘馬

無禮猶儐之者　儐徐陳閩葛俱作擯誤陳閩疏同

天子使大夫戒曰

卿爲訝者也　陸氏曰卿或作鄉非張氏曰監巾箱杭本皆作鄉從釋文嚴本

古文帥作率　嚴本同毛本古作今

諸侯前朝

次以帷　帷徐陳閩本俱作惟誤葛本亦作帷

天子七廟　七陳閩俱作太○按太字非

掌王次舍之灋　要義無王字○按周禮作掌王次之灋疏云次者次則舍也此本誤衍舍字

侯氏裨冕　裨閩監俱誤从示注疏並同

孤絺　陸氏曰絺劉本作希○按司服註讀希爲絺以希爲字之誤

今文冕皆作絻　注末嚴本有此六字與此本標目合毛本脫徐本亦脫按作標目作爲

其餘爲埤者　毛本要義埤作裨

衮冕以下皆爲裨故云其餘爲裨　毛本下裨字作埤要義裨作埤埤作裨按註云大裘爲上其餘爲裨以裨對上則似當作埤疏內除云裨之外凡裨字疑皆當作埤

諸侯直有降龍而已　直陳本作宜

則此及孤卿大夫絺冕元冕者　毛本要義此下有等字

知既則祝藏其幣　要義同毛本既作祧○按既與注合

卷幣實于笲　毛本笲作篚要義作笄○按聘禮作笲

乘墨車

以朱白蒼爲六色　此本聘禮疏引此句蒼作倉

今文玉爲圭　嚴本通解同毛本圭作璧

對玉路金路象路之等　要義同毛本對作封

故以此弧弓張縿之兩幅　陳閩俱無此字縿陳本誤作驂閩空

云弓衣曰韣者　韣誤從韋

云瑞玉　陳閩同毛本玉作王

云纁　云上要義有后字

至爲六色　爲要義作於

天子設斧依于戶牖之間

有繡斧文　繡徐陳閩葛俱作屏集釋通解楊敖俱作繡與疏合

置於依地　地要義作也

象古者白黑斧文　陳閩俱脫古字

以比方繡次爲之　毛本比作此

今左右及立而設之　要義同毛本而作兩○按而是也

紛如綬　陳本同毛本綬作授○按周禮注作綬

削蒲蒻展之　浦鏜云蒻誤弱○按蒻弱古字通考工記輪人曰故竑其幅廣以爲之弱注云弱菑也今人謂蒲本在水中者爲弱

桃枝蓆　毛本蓆作簾浦鏜云席誤簾

天子袞冕

故言總禪衣　言總要義倒

爲九章者　者陳閩俱作首是也

啇夫承命

上擯以告于天子　嚴本集釋同毛本無于字

門西陳介　陳本要義同毛本門作行

若時會殷同　同陳閩俱作門

天子曰非他　石經補缺脫曰字

侯氏入門右坐奠圭　圭閩監葛本俱作主

入門而右　嚴本集釋通典楊敖同毛本通解無而字

不敢由賓客位也　張氏曰監本客作之從監本

卑者見尊　張氏曰釋文見侯注云卑見同卑見謂此也中無者字

侯氏坐取圭〇乃出　出通解作退

儀禮注疏卷二十六下挍勘記終

奉新余成教挍

儀禮疏卷第二十七

唐朝散大夫行大學博士弘文館學士臣賈公彥等撰

四享皆束帛加璧庭實唯國所有四當爲三古書作三四或皆積畫此篇又多四字字相似由此誤也大行人職曰諸侯廟中將幣皆三享其禮差又無取於四也初享或用馬或用虎豹之皮其次享三牲魚腊籩豆之實龜也金也丹漆絲纊竹箭也其餘無常貨此地物非一國所能有唯所有分爲三享皆以璧帛致之

疏四享至所有○注四當至致之○釋曰自此盡事畢論侯氏行覲禮說相隨即行三享之事云四當爲三古書作三四或皆積畫此篇又多四字字相似由此誤也者知四當爲三者諸文唯謂三享無四享之事所以誤作四者由古書作三四之字或皆積畫者堯典云帝曰次亖岳皋陶云外薄亖海泰誓序云作泰誓三篇是古書三四皆積畫也云此篇又多四字者下有四傳擯又云路下四亞之又云束帛四馬四門四只四字既多積畫三又似三由此故誤爲四字也引大行人者欲證三享爲正文云其禮差又無取於四也者案聘禮小聘曰問不享大聘雖有享不

言數明一享而已案大行人五等諸侯皆同三享若然三與
一及不享是其禮之差是無取於四之義故從三爲正云初
享或用馬或虎豹之皮者案下經先陳馬聘禮特言皮故知
初享以此二者爲先言或者聘禮記云皮馬相間可也又聘
禮經夕幣時皮則左首展幣時更云馬則幕南北面此下經
亦用馬案郊特牲云虎豹之皮示服猛也是其或用馬或用
虎豹之皮爲初享也云其次享三牲魚腊籩豆之實以下皆
禮器文是以禮器云大饗其王事與三牲魚腊四海九州之
美味也籩豆之薦四時之和氣也內金示和也束帛加璧尊
德也龜爲前列先知也金次之見情也丹漆絲纊竹箭與衆
共財也其餘無常貨各以其國之所有則致遠物也彼諸侯
國王爲祫祭而致之與此因覲致之同以其因覲即助祭因
祭即致享物若不當三年祫祭即特致三享也云皆以璧帛
致之者案聘禮束帛加璧享君束錦加琮享夫人小行人亦
云璧以帛琮以錦是五等諸侯享天子與后此云璧帛致之
者據享天子而言若享后即用琮錦但三享在庭分爲三段
一度致之據三享而言非謂三度致之爲皆也凡享者貢國
所有或因朝而貢或歲之常貢歲之常貢則小行人云°春入
貢及大宰九貢是也因朝而貢者則大行人云侯服歲一見
其貢祀物之等是也皆有璧帛以致之案小行人云合六幣

圭以馬璋以皮璧以帛琮以錦琥以繡璜以黼此六物者以
和諸侯之好故注云合同也六幣所以享也五等諸侯享天
子用璧享后用琮其大各如其瑞皆有庭實以馬若皮皮虎
豹之皮用圭璋者二王之後也二王後尊故享用圭璋而特
之禮器曰圭璋特義亦通於此其於諸侯亦用璧琮耳子男
於諸侯則享用琥璜下其瑞也凡二王後諸侯相享之玉大
小各降其瑞一等若如此言鄭知五等享王各如其瑞者見
玉人職云其璧琮九寸諸侯以享天子言九寸據上公琮以享
后不言者文不具公依命數與瑞等則侯伯子男之享玉亦
如其瑞可知又知五等自相享各降其瑞一等者又見玉人
職云瑑琮八寸諸侯以享夫人鄭云獻於所朝聘君之夫人
兼言聘者欲見聘使亦下君之瑞一寸與君同直言瑑琮享
夫人不言瑑璧以享君亦文不具若然侯伯子男自相享各
降其瑞一寸可知圭璋據二王後享天子與后者五等諸侯
既用璧琮二王後尊明用圭以享天子用璋以享后可知又
知二王後自相享亦用璧琮者以五等諸侯降於享天子明
二王後退用璧琮可知子男自相享用琥璜者以其子男瑞
用璧享天子可與瑞同自相享不得與瑞等降用琥璜可知
若然子男之臣自相聘亦享用琥璜不得踰君故也又知五
等之臣聘享之玉皆降其君一寸者又見玉人云瑑圭璋八

寸璧琮八寸以規聘八寸據上公之臣則侯伯子男臣各降其君一寸可知案孝經緯援神契云二王後稱公大國稱侯則二王之後爲公而則前謂公者案典命云上公九命爲伯其國家宮室車旗衣服禮儀皆以九爲節鄭注云上公者謂王之三公有德者加命爲二伯二王之後亦爲上公若然典命云王之三公八命有功加一命爲二伯則周公召公是也本國猶稱侯則魯侯燕伯是也

奉東帛匹馬卓上九馬隨之中庭西上奠幣再拜稽首

卓讀如卓王孫之卓卓猶的也以素的一馬以爲上書其國名後當識其何産也馬必十匹者不敢斥王之乘用成數敬也

疏 奉東至稽首○注卓讀至敬也○釋曰云中庭西上者案昏禮云參分庭一在南又聘禮云庭實皮則攝之注云參分庭一在南又米筥設于中庭鄭注云言當中庭者南北之中也則此云中庭亦是南北之中不參分庭一在南者以其三享同陳須入庭深設之故也云卓讀如卓王孫之卓卓猶的也者以音字既同而讀從之卓王孫是司馬相如之妻文君之父也於十馬之內以素的一馬以爲上故訓卓爲的也云書其國名後當識其何産也者謂若晉有鄭之小駟復有屈産之類是也云馬必十匹者不敢斥王之乘

用成數敬也者此爲庭實故用十匹案康王之誥二伯率諸侯而入皆布乘黄朱而陳四匹者彼據二王之後以國所有享新王享物陳於庭用圭以馬致享馬不得上堂亦陳於庭直以圭升堂致命乘馬若乘皮故以四爲禮非所享之物故用四馬與此異也

擯者曰予一人將受之亦言王欲親受之

【疏】擯者至受之○注亦言至受之○釋曰云亦言王欲親受之者亦上親受之也

侯氏外致命王撫玉侯氏降自西階東面授宰幣西階前再拜稽首以馬出授人九馬隨之王不受玉撫之而已輕財也以馬出隨侯氏出授王人於外也王不使人受馬者至于享王之尊益君侯氏之卑益臣

【疏】侯氏至隨之○注王不至益臣○釋曰云授宰幣王既撫玉不受幣幣即束帛加璧并玉言幣故小行人合六幣皮馬與玉皆爲幣幣此單言宰即大宰大宰主幣故周禮大宰職云大朝覲會同贊玉幣玉獻玉几玉爵注云助王受此四者是也云王不受玉撫之而已輕財也者案聘義圭璋還之爲重禮璧琮不還爲輕財是以圭璋親受璧琮初即不受爲輕財故也云以馬出隨侯氏出授

王人於外也者謂侯氏牽馬而出馬隨侯氏之後出授王人於外也云王之尊益君侯氏之卑益臣者春夏受贄於朝雖無迎法秋冬受享又迎之而稱賓主至覲禮受享皆無迎法不王猶在朝至受享又迎之而稱賓主至覲禮受享皆

王人於外也者謂侯氏牽馬而出馬隨侯氏之後出授王人於外也云王之尊益君侯氏之卑益臣者春夏受贄於朝雖無迎法王猶在朝至受享又迎之而稱賓主至覲禮受享皆無迎法不下堂而見諸侯已是王尊為君禮臣卑為臣禮王猶親受其玉今至于三享貢國所有行供奉之節故使自執其馬王不使人受之於庭者是王之尊益君侯氏之卑益臣故也聘禮享用皮及賓私覿馬皆使人受之者見他國之君不臣人之臣故與此異也若然聘禮享君尚有幣問卿大夫此諸侯覲天子享天子訖亦當有幣問公卿大夫是以隱七年左氏傳云初戎朝于周發幣于公卿而凡伯不賓服注云戎以朝禮及公卿大夫發陳其幣凡伯以諸侯為王卿士不修賓主之禮敬報於戎是以冬天王使凡伯來聘還戎伐之於楚丘以歸是諸侯朝天子亦有聘及公卿大夫之事也

事畢三享訖

乃右肉袒于廟門之東乃入門右北面立告聽事右肉袒者刑宜施於右也凡以禮事者左袒入更從右者臣益純也告聽事者告王以國所用為罪之事也易曰折其右肱无咎

〔疏〕乃右至聽事○注右肉至無咎○釋曰自此盡降出論侯氏受刑王免之降出之事刑袒於右者右是用事之便又是隱

陰主刑以不能用事故刑袒於右也云凡以禮事者左袒左袒者無問吉凶禮皆袒左知者士喪禮云主人出南面左袒扱諸面之右檀弓云延陵季子葬其子於嬴博之間葬訖左袒故云凡以該之引易曰折其右肱无咎者案易豐卦九三云折其右肱无咎凡卦爻二至四三至五兩體交互各成一卦先儒謂之互體故鄭隨其義而注云三艮爻艮爲手互體爲巽巽又爲進退手而便於進退右肱也猶大臣用事於君君能誅之故无咎引之者證刑理宜於右之義云告聽事者告王以國所用爲罪之事也者加得字解之當云告王以國所用爲者得非罪之事也正是罪之一辭解擬受刑之意又解云告王以己無罪引下文伯父無事解之不辭之甚也

擯者謁諸天子天子辭於侯氏曰伯父無事歸寧乃邦謁告寧安也乃猶女也侯氏再拜稽首出自屏南適門西遂入門左北面立王勞之再拜稽首擯者延之曰升升成拜降出王辭之不即左者當出隱於屏而襲之也天子外屏勞之勞其道勞也

〔疏〕侯氏

至降出○注王辭至勞也○釋曰云當出隱於屏而襲之也者以屏外不見天子爲隱向者右袒今王辭以無事故宜襲也云天子外屏者據此文出門乃云屏南即是外屏云天子外屏取禮緯之文故禮緯云天子外屏諸侯內屏大夫以簾士以帷是也

天子賜侯氏以車服迎于外門外再拜

賜車者同姓以金路異姓以象路服則袞也鷩也毳也古文曰迎于門外也

〔疏〕天子至再拜○注賜車至外也○釋曰自此盡亦如之論王使人賜侯氏車服之事云同姓以金路異姓象路案周禮巾車掌五路自玉路至木路玉路以祀尊之不賜諸侯金路云同姓以封象路云異姓以封革路以云以封四衛木路云以封蕃國鄭云同姓謂王子母弟率以功德出封雖爲侯伯其畫服猶如上公賜魯侯鄭伯服則袞冕得乘金路以下與上公同則大公與杞宋雖異姓服袞冕乘金路矣異姓謂舅甥之國與王有親者得乘象路異姓侯伯同姓子男皆乘象路以下四衛謂要服以內庶姓與王無親者自侯伯子男皆乘革路以下蕃國據外爲揔名皆乘木路而已鄭直言金路象路者畧之也云服則袞也鷩也毳也據司服而言案司服上陳王之吉服有九下云公之服自袞冕而下如王之服侯伯自鷩冕而下如公之服于男自毳冕

而下如侯伯之服也

路先設西上路下四亞之重賜無數在車南路謂車也凡君所乘車曰路路下四謂乘馬也亞之次車而東也詩云君子來朝何錫予之雖無予之路車乘馬又何予之玄衮及黼重猶善也所加賜善物多少由恩也春秋傳曰重錦三十兩

疏 路先至車南○注路謂至十兩○釋曰云凡君所乘車曰路者鄭注周禮云路大也君之居以大爲名是以云路寢路門之等引春秋者閔二年左氏傳云狄人伐衞又云及狄人戰于熒澤衞師敗績遂滅衞夜與國人出狄入衞遂從之又敗諸河宋桓公逆諸河宵濟立戴公以廬於曹齊侯使公子無虧帥車三百乘甲士三千人以戍曹歸公乘馬祭服五稱牛羊豕雞狗皆三百與門材歸夫人魚軒重錦三十兩鄭引之證重賜無數在車南也

諸公奉篋服加命書于其上升自西階東面大史是右言諸公者王同時分命之而使賜侯氏也右讀如周公右王之右是右者始隨入於升東面乃居其右古文是爲氏也

疏 諸公至是右○注言諸至氏也○釋曰云言諸公者王同時分命之而使賜侯氏也者以其言諸非一之義以諸侯來覲者衆各停

一館故命諸公分往賜之云在讀如周公右王之右者案襄公二十一年左氏傳晉欒盈出奔楚范宣子殺羊舌虎囚伯華於是祁奚老矣聞之乘馹而見宣子祁奚曰夫謀而鮮過惠訓不倦者叔向有焉社稷之固也猶將十世宥之以勸能者今壹不免其身以棄社稷不亦惑乎鯀殛而禹興伊尹放太甲而相之而卒無怨色管蔡爲戮周公右王若之何其以虎也棄社稷鄭引此者證大史是右是佐公而在公右之義也云是右者始隨入於升東面乃居其右者大史早明始時隨公後升訖公東面大史乃居其右故云是右謂於是乃居公右而並東面知並立者以其在公右宣王命故也

侯氏升西面立大史述命讀王命書也侯氏降兩階之間北面再拜稽首受命升成拜大史辭之降也春秋傳曰且有後命以伯舅耋老毋下拜此辭之類

疏升成拜○注大史至之類○釋曰引春秋者僖九年經夏公會宰周公齊侯宋子衛侯之等于葵丘傳云王使宰孔賜齊侯胙曰天子有事于文武使孔賜伯舅胙齊侯將下拜孔曰且有後命天子使孔曰以伯舅耋老加勞賜一級無下拜對曰天威不違顏咫尺小白余敢貪天子之命無下拜恐隕越于下以遺天子羞敢不

下拜下拜登受鄭引之者證此大史述王辭侯氏下拜亦如此故。鄭云。此。辭之類也但彼以齊侯年老故未降巳辭此下拜禮也故降拜乃辭之彼齊侯不升成拜者亦以年老故也大史加書于服上侯氏受受篋服使者出侯氏送再拜儐使者諸公賜服者束帛四馬儐大史亦如之既云拜送乃言儐使者以勞有成禮畧而遂言疏使者至如之。注既云至遂言。釋曰云既云拜送乃言儐使者以勞有成禮畧而遂言者經云侯氏送再拜者事勢宜終故連言之其實儐使者在拜送前必以之儐後畧言者以儐有成禮可依故後畧言案上篇以來每有儐禮皆是成篇之法是成禮也同姓大國則曰伯父其異姓則曰伯舅同姓小邦則曰叔父其異姓小邦則曰叔舅據此禮云伯父同姓大邦而言疏同姓至叔舅。注據此至而言。釋曰案周禮冢宰職云掌建邦之六典以佐王治邦國注云大曰邦小曰國邦之所居亦曰國者彼經或邦國連言或單言國則邦國連言據諸侯單言國據王以邦在國上故云大曰邦小曰國唯王建國是邦之所居亦曰國彼對文則例散文則通故此大國言國小國言邦也鄭云據此禮云伯父同姓大邦而言者鄭欲解稱伯父叔父不要同姓爲定之意云據此云伯父者即上文云伯父此文即云同姓大邦則曰伯父是以云據此禮云伯父同姓大邦而言若也據文則不要同姓與大國案下曲禮東西二伯不問同姓異姓皆稱伯父州牧而稱叔父鄭云牧尊於大國之君而謂之叔父辟二伯亦以此爲尊是也又云同姓大國則曰伯父者唯據此禮而云伯父而言不據他文故鄭此注決爲不定之意

饗禮乃歸禮謂食燕也王或不親以其禮幣致之畧言饗禮互文也掌客職曰上公三饗三食三燕侯伯再饗再食再燕子男一饗一食一燕

疏饗禮乃歸○注禮謂至一燕○釋曰云禮謂食燕也者案聘禮及諸文言饗皆單云饗無云禮鄭所引掌客五等饗食燕三者具有今饗下有禮故以禮爲食燕也云王或不親以其禮幣致之鄭言此者欲解經變食燕而言之禮見王有故不親食燕則以禮幣致之故言之禮云畧言饗禮互文者直言饗見王無故親饗之若王有故亦以侑幣之禮致之食燕公之禮見王有故以幣之禮致之亦宜有王無故親食燕故云互文也引掌客者見五

等諸侯饗食燕皆具有證經之禮是食燕之義也以此文爲互則饗食燕皆有酬幣侑幣是以掌客職三饗三食三燕云云即云若弗酌則以幣致之鄭注云若弗酌謂君有故不親饗食燕彼是諸侯自相待法此鄭引之證經天子待諸侯法則天子待諸侯三者皆有幣可知案掌客云王巡守從者三公眡上公之禮卿眡侯伯之禮大夫眡子男之禮則天子使公卿大夫存覜省至諸侯之國諸侯與之饗食燕皆有幣與諸侯同可知也若大國之孤聘於天子及鄰國其饗食燕有侑幣酬幣亦與子男同故大行人云凡大國之孤執皮帛以繼小國之君出入三積不問一勞又云其他皆眡小國之君鄭注云他謂貳車及介牢禮賓主之間擯者將幣祼酢饗食之數故知饗食燕亦有幣也案聘禮云若不親食使大夫各以其爵朝服致之以侑幣如致饔無儐致饗以酬幣亦如之是覜饗食之有幣可知又云燕與俶獻無常數又不言致燕以幣則無致燕之禮親燕亦無酬幣鹿鳴序云燕羣臣嘉賓也既飲食之又實幣帛筐篚以將其厚意則飲食據饗食有幣若然發首云燕羣臣嘉賓者文王於羣臣嘉賓恩厚燕之無數故先言其實無幣也若然天子燕已臣及四方卿大夫諸侯燕已臣及四方卿大夫皆無酬幣也

諸侯覲于天子爲宮方三百

步四門壇十有二尋深四尺加方明于其上

四時朝覲受之於廟此謂時會殷同也宮謂壝土爲埒以象墻壁也爲宮者於國外春會同則於東方夏會同則於南方秋會同則於西方冬會同則於北方八尺曰尋十有二尋則方九十六尺也深謂高也從上曰深司儀職曰爲壇三成成猶重也三重者自下差之爲三等而上有堂焉堂上方二丈四尺上等中等下等每面十二尺方明者上下四方神明之象也上下四方之神者所謂神明也會同而盟明神監之則謂之天之司盟有象者猶宗廟之有主乎王巡守至于方嶽之下諸侯會之亦爲此宮以見之司儀職曰將會諸侯則命爲壇三成宮旁一門詔王儀南鄉見諸侯也

疏 諸侯至其上○注四時至侯也○釋曰自此盡四傳儐論會同王爲壇見諸侯之事云四時朝覲受之於廟者案曲禮下經言之春夏朝宗在朝不在廟而言四時朝覲皆在廟者朝宗雖在朝受享則在廟故幷言之云此謂時會殷同也者以司儀職云將合諸侯則令爲壇三成與此爲一事則合者合諸侯也故知此爲壇見諸侯謂時會殷同時也案大宗伯云時見曰會殷見曰同鄭注云時見者言無常期諸侯有不順服者王將有征討之事則既朝覲王爲壇於國外合諸侯而命事

焉春秋傳曰有事而會不協而盟是也殷猶衆也十二歲王如不巡守則六服盡朝朝禮既畢王亦爲壇合諸侯以命政焉所命之政如王巡守殷見四方〇四時分來終歲則遍若如此注則時會殷同亦有朝覲在廟而獨云四時朝覲在廟者以其周禮大行人諸侯依服數來朝時會無常期假令當方諸侯有不順服則順服者皆來朝王其中則有當朝之歲者復有不當朝之歲者若當朝之歲者自於廟朝覲若不當朝之歲者不當在壇朝若十二年王不巡守則殷朝亦云既朝乃於壇者六服之內若以當歲者即在廟則依服數十二歲合有侯服年年朝者在廟朝覲其五服自向男采衛要五服若以十二歲王巡守揔合朝服不得獨在廟在壇朝故鄭會同皆言既朝覲乃爲壇於國外也朝事儀未在壇朝而先言帥諸侯拜日亦謂帥已朝者諸侯而言也云爲宮者於國外春會同則於東方云云者經直言爲壇鄭知逐四方爲之者案司儀云將合諸侯則令爲壇三成鄭注云合諸侯謂有事而會也爲壇於國外以命事天子春帥諸侯拜日於東郊則爲壇於國東夏禮日於南郊則爲壇於國南秋禮山川丘陵於西郊則爲壇於國西冬禮月與四瀆於北郊則爲壇於國北既拜禮而還加方明於壇上而祀焉鄭引此文下及朝事儀而言故知爲壇皆依方爲之但四方之壇並宜在四郊

之內以其拜日之等於近郊退來就壇明壇在近郊之內但去城不知遠近或四方皆依成數東方八里南方七里西方九里北方六里四方此其定分案職方王會同或出畿在諸侯之國故職方氏令諸侯共待之事則無常數云八尺曰尋者依考工記云殳長尋有四尺從軫差之知尋長八尺云三重者自下差之爲三等而上有堂焉堂上方二丈四尺上等中等下等每面十二尺者此以下基九十六尺上下三等每等兩相各丈二尺共二丈四尺三等揔七丈二尺通堂上二丈四合九丈六尺也云方明者上下四方神明之象也者謂合木爲上下四方故名方此則神明之象故名明此樂解得名方明神之義也云所謂明神也者所謂秋官司盟之職云北面詔明神既盟則貳之是也云則謂之天之司盟有象者案春秋襄十一年經書公會晉侯宋公之等伐鄭鄭人懼行成秋七月同盟于亳范宣子曰不慎必失諸侯乃盟載書曰凡我同盟毋蘊年毋壅利毋保姦毋留慝救災患恤禍亂同好惡獎王室或閒茲命司慎司盟名山名川明神殛之注云二司天神司盟司慎不敬者盟司察明者是爲天之司盟也云有象者猶宗廟之有主乎者以其宗廟木主亦上下四方爲之故云猶宗廟之有主無正文約同之故云乎以疑之雖同四方爲之但宗廟主止一神而已此下文以六色爲六神

用六玉禮之有此別但取四方同而已云王巡狩至於方岳之下諸侯會之亦爲此宮以見之者案下文祭天燔柴祭山丘陵升祭川沈祭地瘞鄭注云升沈必就祭者也則是謂王巡守及諸侯之盟祭也者是王巡守在方岳亦爲此宮可知是以司儀注云王巡守殷國而同則其爲宮亦如此與以其與宮同也案司儀云王合諸侯令爲宮據時會而言其巡守據王就方岳殷國此王行故不行諸侯同來此二者其壇文約與時會同故云與以疑之是以鄭注大宗伯云殷同王亦爲壇於國外亦時會有文者也引司儀者彼此同是一事但文有詳畧此文言者取司儀以足之云南鄉見諸侯也者王在堂上公於上等侯伯於中等子男於下等奠玉拜皆升堂授玉乃降也

方明者木也方四尺設六色東方青南方赤西方白北方黑上玄下黃設六玉上圭下璧南方璋西方琥北方璜東方圭

六色象其神六玉以禮之上宜以蒼璧下宜以黃琮而不以者則上下之神非天地之至貴者也設玉者刻其木而著之

疏 方明至方圭○注六色至著之○釋曰云上宜以蒼璧下宜以黃琮

者案大宗伯云蒼璧禮天黃琮禮地青圭禮東方赤璋禮南方白琥禮西方玄璜禮北方據彼文上宜用蒼璧下宜用黃琮今於四方還依宗伯唯上不用璧下不用琮故鄭云而不以者則上下之神非天地之至貴者也案宗伯注此禮天以冬至謂天皇大帝在北極者也禮地以夏至謂神在崐崘者也鄭云非天地之貴其天地之貴即昊天崐崘是也既非天地之貴即日月之神故下云祭天燔柴祭地瘞鄭注天地謂日月也若然日月用圭璧者典瑞云圭璧以祀日月故用圭璧也四方用圭璋之等案大宗伯注云禮東方以立春謂蒼精之帝而大昊句芒食焉餘三方皆據天帝人帝人神則此亦非彼神也以其下文有日月四瀆山川丘陵之神迎拜以爲明神故知非天帝人帝之等是以司盟云凡邦國有疑會同則掌其盟約之載及其禮儀北面詔盟神鄭注云有疑不協也明神神之明察者謂日月山川也覲禮加方明於壇上所以依之也是鄭解方明之神明日月山川之等非天帝也若然四方禮神還用圭璋琥璜非天神還用禮玉者尊此明神而與天神同故用之也云刻其木而著之者雖無正文以意言之以其非置於坐以禮神於上下猶南北爲順刻木於四方亦順不刻木安於中則不可故知義然也

上介皆奉其君之旂置于

宮尚左公侯伯子男皆就其旂而立置於宮者建之豫爲

其君見王之位也諸公中階之前北面東上諸侯東階之東西面北上諸伯西階之西東面北上諸子門東北面東上諸男門西北面東上尚左者建旂公東上侯先伯伯先子子先男而位皆上東方也諸侯入壝門或左或右各就其旂而立王降階南鄉見之三揖土揖庶姓時揖異姓天揖同姓見揖位乃定古文尚作上【疏】上介至而立○注置於至而立○釋曰云上介皆奉其君之旂置于宮尚左者此雖不言前期鄭云豫爲其君見王之位也則亦前期一日可也公侯就旂據臨朝之時也此旂鄭雖不解鄭注夏官中夏辨號名此表朝位之旂與銘旌及在軍徽織同皆以尺易刃小而爲之也云中階之前已下皆朝事儀明堂位文以朝事儀論會同之事明堂位周公朝諸侯于明堂不在宗廟皆與此同故鄭依之也言上者皆以近王爲上云尚左者建旂公東上侯先伯伯先子子先男而位皆上東方者以其侯伯別階相對子男雖隔門亦相對皆以東爲上故云侯先伯子先男也云諸侯入壝門或左或右各就其旂而立者案下注云諸侯初入門王官之伯帥之則此云諸侯入壝門或左或右若是二伯初帥之各依左右若康王之誥云大保帥西方諸侯入

應門左畢公帥東方諸侯入應門右皆北面此雖無應門亦二伯帥諸侯初入宮門或左或右亦皆北面立定乃始各就其旂而立王乃降南面見之而揖必知王有降揖之事者燕禮大射公降揖羣臣使定位故知王亦然又知王土揖庶姓之等者此是司儀職王在壇揖諸侯之事彼與此同鄭彼注以云土揖推手小下之也時揖平推手也天揖推手小舉之以推手曰揖引手曰撎故為此解也若然覲禮天子不下堂而見諸侯今王降者以在壇會同相見與覲異故也以其覲禮廟門設擯此則堂壇門設擯是以雖繼覲禮之下覲禮無降揖法此與諸侯對面相見故有降揖之事

四傳擯王既揖五者升壇設擯升諸侯以會同之禮其奠瑞玉及享幣公拜於上等侯伯於中等子男於下等擯者每延之升堂致命王受玉撫玉降拜於下等及請事勞皆如覲禮是以記之覲云四傳擯者每一位畢擯者以告乃更陳列而升其次公也侯也伯也各一位子男俠門而俱東上亦一位也至庭乃設擯則諸侯初入門王官之伯帥之耳古文傳作傳

〔疏〕四傳擯○注王既至作儐。○釋曰知奠瑞玉及享幣公拜於上等侯伯於中等子男於下等擯者每延之升堂致命王受玉撫玉降拜於下等者三等拜禮皆司儀職文擯者延之升堂以下約上覲禮之法云王受玉謂朝時撫王謂享時是以司儀三等之下云其將幣亦如之鄭云將幣享也又云及請事勞皆如覲禮者請事謂上文侯氏奠圭擯者請侯氏王欲親受之勞謂侯氏受刑後王勞之故云皆如覲禮云公也侯也伯也各一位者以其面位同故各自設擯云子男侯俠門而俱東上亦一位也者以其雖隔門相去近又同北面東上故共一位設擯故有四傳擯云至庭乃設擯者對上覲禮門外設擯案此上經諸侯各就其旂而立乃云四傳擯則在諸侯之北故知至庭乃設擯云則諸侯初入門王官之伯帥之耳者約顧命而知之

天子乘龍載大旂。象日月升龍降龍出拜日於東門之外反祀方明此謂會同以春者也

馬八尺以上為龍大旂大常也王建大常縿首畫日月其下及旂交畫升龍降龍朝事儀曰天子冕而執鎮圭尺有二寸繅藉尺有二寸搢大圭乘大路建大常十有二旒樊纓十有二就貳車十有二乘帥諸侯而朝日於東郊所以教尊尊也退而朝諸侯由此二者言之巳祀方明乃以會同之禮見諸侯也凡會同者不協而盟司盟職曰凡邦國有疑會同則掌其盟約之載書及其禮儀北面詔明神既盟則藏之言北面詔明神則明神有象也象者其方明乎及盟時又加於壇上

乃以載辭告焉

【疏】「天子至方明」○注「此謂至祝號」○釋曰：自此盡西門外，論將見諸侯先禮日月山川之事。云「此謂會同以春者也」者，案下文於南門北門西門之外禮日月四瀆，會同以夏秋冬。此云拜日於東門之外，故知會同以春者也。云「馬八尺以上為龍」者，是周禮廋人職文。案彼云馬八尺以上為龍，七尺以上為騋，六尺以上為馬，五尺以上為駒。云「大旂，大常也」者，案周禮司常云日月為常，交龍為旂，則旂與常別。此旣象日月，則是大常，而云大旂者，九旂各有定稱，亦有通名，故桓二年臧哀伯云「三辰旂旗」，服氏注云九旂之摠名，故大常亦謂之大旂。是以諸侯建交龍爲旂，亦謂之常，大行人云五等諸侯亦曰建常九斿，亦是通稱也。云「王建大常，縿首畫日月，其下及旒交畫外龍降龍」，知義然者，以其先言日月，後言龍，故知縿首畫日月。依爾雅說，旌旗云正幅為縿，長尋曰旐，謂旌旗身也。其下屬旒，乃畫日月交龍。案左傳云「三辰旂旗」，服注云三辰謂日月星。孔君尚書傳亦云畫日月星於衣服旌旗。鄭注司服亦云王者相變，至周而以日月星辰畫於旌旗，所謂三辰旂旗，昭其明也。若然，大常當有星，所以司常及此直云日月不云星者，旣言三辰，則日月星俱有。周禮司常不言星者，司常九旂皆以二字爲名，故畧不言星，是以此文亦畧不言星。案文大常之上又有交龍則諸侯交龍爲旂無日月王之大常非直有日月兼有交龍司常不言交龍亦是於文略引朝事儀以下至朝諸侯此亦同法故引之證此拜日於東門之事云天子冕而執鎮圭者案玉藻天子玄冕拜日於東門之外則知此亦玄冕也搢大圭者則周禮玉人職大圭長三尺杼上終葵首是也云乘大路者則周禮玉路也以周之玉路因殷之大路飾之以玉故猶以大路爲名云樊纓十有二就者案巾車鄭注云樊馬大帶纓馬鞅就成也以五采罽飾之一帀爲一成樊與纓各飾爲十二帀十二就也云貳車十有二乘者案周禮大行人云上公貳車九乘侯伯七乘子男五乘而天子十二以爲節故十二乘貳車者飾皆與正路同當亦飾之以玉使人乘之少儀云乘貳車則式佐車則否是也云帥諸侯朝日於東郊者朝日即拜日一也以其朝必有拜云所以教尊尊也者天子至尊猶往朝日是教天下尊敬其所尊者故云教尊尊也云退而朝諸侯者朝日於東郊退就壇使諸侯朝已云由此二者言之已祀方明乃以會同之禮見諸侯也者言此者諸侯朝事儀與此覲禮其朝事儀朝日退乃始朝諸侯此覲禮加方明於壇上公侯伯子男就其旂而立王乃四傳擯見之是已祀方明乃始見諸侯二者同故云由此二者言之若然朝事儀直有朝日禮畢退見諸侯此覲禮祀方明禮畢

乃朝諸侯不同者以其邦國有疑則有盟事朝日既畢乃祀方明於壇祀方明禮畢退去方明於下天子乃升壇與諸侯相見朝禮既畢乃更加方明於壇與諸侯行盟誓之禮若邦國無疑王帥諸侯朝日而已無祀方明之事是以朝事儀直云朝日教尊尊而朝諸侯不言祀方明之事鄭云已祀方明者據此覲禮上下有盟誓而言此天子乘龍及下文禮日之等若有盟誓文當在宮方三百步之上今退文在下者欲見盟誓非常尋常無盟誓之事直朝日而已故也云凡會同者不協而盟者左氏傳云有事而會不協而盟引此者解此經反祀方明之意反祀方明者爲不協而盟故也故引司盟證之云既盟則藏之者盟誓既訖寫此盟辭須之於六官司盟之官覆寫一通自藏擬後覆驗云言北面詔明神則明神有象也象者其方明乎鄭云此者司盟云詔明神不言方明此文直言方明不言明神鄭欲合爲一事故云言北面詔明神則明神有形象可告以其方明有四方四色是其象無正文以義約爲一事故言乎以疑之云及盟時又加於壇上乃以載辭告焉者對前祀方明加於壇上祀訖退而乃朝諸侯訖又加於壇上以載辭告之云詛祝掌其祝號者案春官詛祝職云掌盟詛類造攻說禬禜之祝號注云八者之辭皆所以告神明也盟詛主要誓大事曰盟小事曰詛又云作盟詛之

載辭以敘邦國之信是也禮日於南門外禮月與四瀆於北門外禮山川丘陵於西門外此謂會同以夏冬。秋。者也變拜言禮者容祀也禮月於北郊者月大陰之精以爲地神也盟神必云日月山川焉者尚著明也詩曰謂予不信有如皦日春秋傳曰縱子忘之山川神祇其忘諸乎此皆用明神爲信也疏禮日至門外○注此謂至信也○釋曰知此謂會同夏秋冬者以經禮日之等各於其門外上經禮日於東門之外已是春會同明知此是夏秋冬也既所禮各於門外爲壇亦各合於其方是以司儀云將合諸侯則令爲壇三成宮旁一門鄭注云天子春率諸侯拜日於東方則爲壇於國東夏禮日於南郊則爲壇於國南秋禮山川丘陵於西郊則爲壇於國西冬禮月四瀆於北郊則爲壇於國北云變拜言禮者容祀也者言拜無祀祀則兼拜上經云拜日無盟誓不加方明於壇直拜日教尊尊而已此經三時皆言禮見有盟誓之事加方明於壇則有祀日與四瀆及山川之事故言禮是以或言拜或言禮云禮月於北郊者月大陰之精以爲地神也者鄭據經三時先北後西不以次第以其祭地於北郊祭月四瀆亦於北郊與地同但日者大陽之精故於東郊南郊於陽方而禮之以月是地神四瀆與山陵俱是地神以山陵出見爲微陰故配西方四瀆爲極陰故月同配北方又以月尊故先言之而又祭於北郊也云盟神必云日月山川焉者爲其著明也者以山川是著見日月是其明故同爲盟神也引詩者日明詩人以爲明證引春秋者定元年二月孟懿子會城成周宋仲幾不受功即云士彌牟日晉之從政者新子姑受功歸吾視諸故府仲幾曰縱子忘之山川鬼神其忘諸乎引之者山川神爲盟神義也不言月者諸文無以月爲盟神之事故不引據此覲禮言月以月明爲盟神可知

祭天燔柴祭山丘陵升祭川沈祭地瘞

升沈必就祭者也就祭則是謂王巡守及諸侯之盟祭也其盟揭其著明者燔柴升沈瘞祭禮終矣備矣郊特牲曰郊之祭也迎長日之至也大報天而主日也宗伯職曰以實柴祀日月星辰則燔柴祭天謂祭日也柴爲祭日則祭地瘞者祭月也日月而云天地靈之也王制曰王巡守至于岱宗柴是王巡守之盟其神主日也春秋傳曰晉文公爲踐土之盟而傳云山川之神是諸侯之盟其神主山川也月者大陰之精上爲天使臣道莫貴焉是王官之伯會諸侯而盟其神主月與古文瘞作殪

【疏】祭天至地瘞○注升沈至作殪○釋曰上論天子在國行

會同之禮於國之四郊拜禮於日月山川之神以爲盟主已備於上今更言祭日月山川者據天子巡守於四岳各隨方向祭之以爲盟主故重見此文云升沈必就祭者也者對上經山川丘陵但於四郊望祭之故不言升沈之事此經言升沈必是就山川丘陵故言升沈案爾雅云祭山曰庪縣祭川曰浮沈不言升此山丘陵云升者升即庪縣也此云祭川直言沈不言浮者以牲體或沈或浮不言浮亦文略也云就祭則是謂王巡守及諸侯之盟神也者此經主爲天子春東郊夏南郊皆禮日即此經祭天燔柴也秋西郊即此經祭山丘陵升是也冬北郊即此經祭川沈祭地瘞也以其川即四瀆也鄭兼言諸侯之盟者以其諸侯自盟亦祭山川爲神主故兼言之此經兼有王官之伯以月爲神主不言者無正文故不言也云其盟揭於著明者亦如上釋以日月爲明山川爲著也云燔柴升沈瘞祭禮終矣者案周禮禋祀實柴燎是歆神始禮未終而言禮終者以其祭禮有三始樂爲下神始禋柴爲歆神始牲體爲薦饌始燔柴是樂爲下神之後是下神之禮終故云禮終案爾雅祭天曰燔柴祭地曰瘞埋柴與瘞相對則瘞埋亦是歆神若然則升沈在柴瘞之閒則升沈亦是歆神之節皆據樂爲下神之後而爲祭禮終矣或可周禮此三者爲歆神至祭祀之後更有此柴瘞升沈之事若今時祭

祀訖始有柴瘞之事者也引郊特牲者案易緯三王之郊一用夏正春分以後始日長於建寅之月郊天云迎長日之至者預迎之又云大報天而主日也者鄭注云大猶徧謂郊天之時祭尊可以及卑日月以下皆祭以日爲主又云大宗伯職曰以實柴祀日月星辰者此所引不取月與星辰之義直取日而已與此經燔祭文同鄭引此諸文者欲證此經祭天燔柴是祭日非正祭天神以其日亦是天神故以祭天言之是以鄭云則燔柴祭天謂祭日也又云柴爲祭日則祭地瘞者祭月也者以其前文天子在國祀日月燔祭既是日祭地是月可知亦非正地神也云日月而云天地靈之也以其尊之欲爲方明之主故變日月而云天地是神靈之也者王制日王巡守至於岱宗柴是王巡守之盟其神主日也者案彼注以爲告至案祀典歲二月東巡守至於岱宗柴注爲考績燔燎柴此又爲祭日柴不同者但巡守至岱宗之下有此三種之柴告至訖別有考績皆正祭之神別有祭日以爲方明之主尚書與王制并此文唯有柴之文故注不同互見爲義明皆有是以此引王制之柴以爲祭日引春秋者僖公二十八年晉文公敗楚於城濮爲踐土之盟傳云山川之神引之證諸侯之盟用山川爲主此不言宋仲幾者所引之言皆是諸侯之事云月者大陰之精上爲天使臣道莫貴焉者鄭注

周禮九嬪職引孔子云日者天之明月者地之理陰契制故月上屬爲天使婦從夫放月紀此二處俱是緯文鄭言此者證王官之伯臣中最尊奉王使出與諸侯盟其神主月以其無正文故言與以疑之鄉來所解諸侯以山爲主王官之伯以月爲主案襄十一年左傳云秋七月諸侯同盟於亳云司慎司盟名山名川彼非直有山川兼有二司則此所云日月山川者兼有此二司可知又王官之伯非直奉王使出會諸侯而盟若受弓矢之賜得專征伐亦與諸侯爲盟

記

几俟于東箱王即席乃設之也東箱東夾之前相翔待事之處

疏

記几俟于東箱。注王即至之處。釋曰云王即席乃設之也者案公食大夫記宰夫筵出自東房則此天子禮几筵亦在東房其席先敷其几且俟于東箱待王即席乃設之謂若聘禮賓即席乃授几若然公食大夫宰夫設筵加席几同時預設者公親設湆可以略几故以几與席同時設之若爲神之几筵亦同時而設故聘禮几筵設擯者出請命云東箱東夾之前者案上文覲在文王廟中案鄭周禮注宗廟路寢制如明堂明堂有五室四堂無箱夾則宗廟亦無箱夾之制此有東夾者此周公制禮據東都乃有明堂此文王廟仍依諸侯之制是以有東夾室若然樂記注云文王廟爲明堂制者彼本無制字直云文王

廟爲明堂云相翔待事之處者翔翔謂翔翔無事故公食賓將食辭於公親臨己食公揖退於箱以俟賓食是相翔待事之處也

偏駕不入王門

在旁與己同曰偏同姓金路異姓象路四衛革路蕃國木路駕之與王同謂之偏駕不入王門乘墨車以朝是也偏駕之車舍之於館與

疏 偏駕不入王門○注在旁至館與○釋曰云在旁與己同曰偏者依周禮巾車掌王五路王路以祀不賜以諸侯金路以賓同姓以封象路以朝異姓以封革路以即戎以封四衛木路以田以封蕃國此五路者天子所乘爲正四路者諸侯乘之爲偏是據諸侯在旁與王同爲偏云不入王門乘墨路以朝是也者據上文而言云偏駕之車舍之於館與者明偏駕既云不入王門又云乘墨車而至門外諸侯各停於館明舍在館無正文故言與以疑之

奠圭于繅上

謂釋於地也古文繅作璪

疏 奠圭于繅上○釋曰此解侯氏入門右奠圭釋於地時當以繅藉承之繅乃釋於地此繅謂韋衣木版朱白蒼與朱綠畫之者非謂絇組尺爲繫者彼所以繫玉固者也

儀禮卷第十 經八百三十九 注二千六百八十一

儀禮疏卷第二十七

大清嘉慶二十年
用文選樓藏本校

江西督糧道王賡言廣豐縣知縣阿應鱗栞

儀禮注疏卷二十七挍勘記　阮元撰盧宣旬摘録

四享

此地物　集釋無地字

惟所有　惟下集釋有國字

欲證三享爲正文　正文陳閩俱作文也

與此因覲致之同　毛本同作與按今本似誤讀上與字爲平聲屬上句故下句亦作與

因祭卽致享物　陳閩俱脫因祭二字

各降其瑞一寸可知　寸陳閩俱作等按降一寸卽降一等也小行人疏云上公九寸降一等至八寸是也此疏上下言降一寸者屢矣何獨於此而作等乎

奉束帛

不敢斥王之乘 之通典作所

侯氏升致命

授王人於外也 王閩葛通解俱作玉

主于享 徐陳閩葛集釋通解同毛本楊氏主作至張氏曰按疏云今至于三享云云詳其義主字當作至

助王受此四者 陳本同毛本王作玉

璧琮不還爲輕財 要義同毛本不下有授字陳閩授俱作受

而凡伯不賓 陳閩俱無而字不俱作弗

乃右肉袒于廟門之東

无咎 无通解作無與此本標目合

葬其子於嬴博之間 陳本要義同毛本嬴作嬴○按嬴是也

擯者謁諸天子○歸寧乃邦 邦唐石經嚴本通典集釋通解楊敖俱作邦毛本徐本誤作拜

乃猶女也 女葛本作汝

天子賜侯氏以車服

革路云以封四衛木路云以封蕃國 陳閩俱脫以封四衛木路云七字

路先設

次車而東也 毛本東誤作束

又何予之 嚴本集釋楊敖同毛本予作與

云凡君乘車曰路者 閩監同毛本凡作几○按乘上注有所字

諸公奉篋服

乘馹而見宣子 毛本馹作驛○按馹是驛非詳左傳注疏挍勘記

太史乃居其右　毛本乃誤作又

升成拜

亦如此故鄭云此辭之類也　陳閩俱無故鄭云此四字

同姓大國

據此禮云伯父　毛本云誤作曰　據字敖在伯父下屬下句

同姓大邦而言若也據文　若要義作者許宗彥云若也據文乃若據他文之訛

亦以此爲尊是也　也要義作此

饗禮乃歸

略言饗禮　饗楊氏作享下竝同

上公三饗　徐陳閩葛集釋通解敖氏同毛本饗作享

欲解經變食燕而言之閩要義同毛本之作饗○按之字是也下同

見王無故親饗之陳閩要義同毛本饗作享

至諸侯之國國陳閩俱作禮

諸侯與之饗食燕皆有幣陳閩要義同毛本燕作禮

諸侯覲於天子

宮謂壝土爲埒張氏曰注曰宮謂壝土爲埒按諸本宮皆作宮從諸本○按嚴徐鍾本俱作宮

從上曰濱浦鏜云按秋官司儀職疏引此作從上向下爲深義尤悉○按通典巡守篇引此亦有向下二字

所謂神明也神明監本集釋楊氏俱作明神與疏合

則命爲壇集釋通解楊氏毛本同命字徐本未刻陳閩監本俱作會爲徐本作爲

殷見四方四方四時分來　四方二字陳閩俱不重出

若如此注　要義同毛本無此字

冬禮月與四瀆於北郊也　陳閩同毛本與作於○按與是

故職方氏令諸侯供待之事　供待陳閩俱作共待

此樂解得名方明神之義也　樂要義作鄭

司盟司慎不敬者盟司察明者　毛本同惟明字作盟要義作司慎司不敬者司盟司察盟者

及諸侯之盟祭也者　陳閩俱無及字

方明者木也

而不以者　以下通典有此字

迎拜以爲明神 拜閩本作帝

故知非天帝人帝之等 陳閩俱無帝人帝三字

北面詔盟神 毛本盟作盥○按盟字亦非周禮作明鄭注云明神神之明察者

上介皆奉其君之旂

尙左者建旂 毛本者作皆徐本無皆字陳閩葛本集釋通解俱作者與疏合楊氏作皆

土揖庶姓 徐陳集釋通解同毛本土作上閩葛誤作士閩本疏同

以其覲禮廟門設擯 要義同毛本擯作儐下同陳本此作擯下作儐

此與諸侯對面相見 毛本面誤作門

四傳擯

王受玉撫玉 徐閩監葛集釋通解同毛本下玉字作王陳本受玉撫玉俱作王尤誤

王官之伯帥之耳 張氏曰注曰王官之伯帥之耳古覲國所按監本改王爲曰未知孰據篇末之注有是王官之伯會諸侯而盟從諸本官通解作宮

古文傳作傅 傅重脩監本誤刻作傳

王既至作傳 此本要義傳俱作傳與釋文不合

天子乘龍載大旆 旆唐石經集釋楊敖俱作旂注同與疏合張氏曰載大旆諸本旆作旂從諸本

王建大常 毛本大誤作太按大讀如字大常猶大旂也今人讀他蓋切非是釋文無音

繅藉尺有二寸 藉徐閩葛本作從竹按藉籍諸本錯出不悉按

既盟則藏之 盧文弨云藏戴校集釋依本文改貳但疏云司盟之官覆寫一通自藏擬後覆驗則注疏本自作藏然藏卽是貳兩者俱可通而藏字義較顯○按前諸侯覲於天子節疏引此句作貳

長壽曰旐 旐監本誤作辰

杼上終葵首　毛本杼誤作抒

以其朝必有拜　陳閩俱重朝字

是教天下尊敬其所尊者　下陳閩俱作子

則有盟事　盟陳閩俱作明

王帥諸侯朝日而已　自此句朝字起至下文而朝諸侯句止凡二十六字陳閩俱脫

爲不協而盟故也　陳閩同毛本爲作會○按爲是

言北面詔明神　明陳閩俱作盟

則明神有象也　自此句起至下文詔明神句止凡二十二字陳閩俱脫

禮日於南門外

此謂會同以夏冬秋者也　按冬秋疏作秋冬

容祀也 容嚴本集釋通解俱作容與述注合毛本作客通典誤作祭

容祀也者 要義同毛本容作客

上經云拜日 經要義作春

則有祀日與四瀆 與閩本作月

鄭據經三時 時陳閩俱作等

故同爲盟神也 毛本盟作明

引詩者曰明 毛本曰作日

即云 毛本云字重

諸文無以月爲盟神之事 盟陳閩俱作明按盟誓必以明神爲信故稱明神爲盟神篇內盟明二字諸本錯出義既兩通今悉拔之以備參攷

祭天燔柴

其盟愒其著明者　愒徐陳通解俱作惕與述注合集釋楊氏毛本从手按釋文音苦葢反是讀爲忨歲愒日之愒明係愒字今本釋文亦誤作揭唯宋本不誤或曰愒當作楬職金注曰今人之書有所表識謂之楬櫫下其字疏作於

月者太陰之精　者通解作乃

是王官之伯　王通解作五

各隨方向祭之　要義無向字浦鏜改向爲面○按此本向誤作西今從毛本

故兼言之　自此句起至下文以月爲神主句止凡十七字監本脫

云其盟愒於著明者　毛本愒作揭○按於注作其

是樂爲下神之後　後陳閩俱作神

三王之郊　三閩本要義俱作二

鄭注云大猶徧　注要義作彼陳本作披

燔祭既是日　祭要義作柴

案祀典歲二月東巡守　按段玉裁校本作堯典

諸侯以山爲主　毛本山下有川字

記几俟于東箱　記徐本要義俱作設按此下三句爲記文無疑石經補缺亦作記徐本作設者殆因注而誤也嚴本與徐本同而張氏不加論辨豈宋時諸本俱誤作設歟俟石經補缺徐陳閩葛俱作侯亦誤集釋通解俱作俟

文王廟爲明堂制者　毛本制誤作注

偏駕不入王門

在旁與已同曰偏　在監本集釋通解楊氏俱作在與疏標目合毛本作左

謂之偏駕集釋楊氏俱重偏字按重偏字則當讀謂之偏爲句而以偏駕二字屬下句以疏攷之此句宜作謂之偏下句却無偏駕二字

云在旁與已同曰偏者監本要義同毛本在作左

掌王五路路要義俱作路下並同毛本作輅按陳閩唯四輅者諸侯乘之爲偏句作路○按路是正字周禮本作路

乘墨路以朝是也者毛本路作車此本作路似誤要義亦作車

乘墨車而至門外至閩本作舍

奠圭于繅上

謂釋於地也古文繅作璪注末五字諸本俱脫嚴本有

此解侯氏入門右毛本右作在

謂韋衣木版 毛本謂下有以字

非謂絢組尺爲繫者 毛本絢誤作約

彼所以繫玉固者也 毛本玉下有使字

儀禮注疏卷二十七校勘記

奉新余成教校

儀禮疏卷第二十八

唐朝散大夫行大學博士弘文館學士臣賈公彦等撰

儀禮卷第十一

喪服第十一

（疏）喪服第十一○案鄭目錄云天子以下死而相喪衣服年月親疏隆殺之禮不忍言死而言喪喪者棄亡之辭若全存居於彼焉已亡之耳大戴第十七小戴第九劉向別錄第十一○釋曰案禮器云經禮三百曲禮三千鄭云經禮謂周禮也曲猶事也事禮謂今禮也禮篇今亡本數未聞其中事儀三千若然未亡之時有天子諸侯卿大夫士之喪服其篇各別今皆亡唯士喪禮在若然據喪服一篇捴包天子以下服制之事故鄭目錄云天子以下相喪衣服親疏之禮喪服之制成服之後宜在士喪始死之下今在士喪之上者以喪服捴包尊卑上下不專據士故在士喪之上是以喪服爲第十一喪服所陳其理深大今之所釋且以七章明之第一明黃帝之時朴畧尚質行心喪之禮終身不變第二明唐虞之日淳朴漸虧雖行心喪更以三年爲限第三明三王以降澆僞漸起故制喪服以表哀情第四明既有喪服須明喪服二字第五明喪服章次以精麤爲序第六明作傳之人并爲傳之意第七明鄭玄

之注經傳兩解之第一明黃帝之時朴畧尚質行心喪之禮終身不變者案禮運云昔者先王未有宮室食鳥獸之肉衣其羽皮此乃伏羲之時也又云後聖有作治其絲麻以爲布帛養生送死以事鬼神此謂黃帝之時也又案易繫辭云古之葬者厚衣之以薪葬之中野不封不樹喪期無數在黃帝九事章中亦據黃帝之日言喪期無數是其心喪終身者也第二明唐虞之日淳朴漸虧雖行心喪更以三年爲限者案禮記三年問云將由夫患邪淫之人與則彼朝死而夕忘之然而從之則是曾鳥獸之不若也夫焉能相與羣居而不亂乎將由夫脩飾之君子與則三年之喪二十五月而畢若駟之過隙然而遂之則是無窮也故先王焉爲之立中制節壹使足以成文理則釋之矣然則何以至期也曰至親以期斷是何也曰天地則已易矣四時則已變矣其在天地之中者莫不更始焉以是象之也鄭注云法此變易可以期也又云然則何以三年也注云言法此變易可以期何以乃三年爲又云曰加隆焉爾也焉使倍之故再期也注云言於父母加隆其恩使倍期也據此而言則聖人初欲爲父母期加隆焉故爲父母三年必加隆至三年者孔子荅宰我云子生三年然後免於父母之懷是以予爲之三年報之三年問又云三年之喪人道之至文者也夫是之謂至隆是百王之所同古

今之所豈也未有知其所由來者也注云不知其所從來喻
此三年之喪前世行之久矣旣云喻前世行之久則三年之
喪實知其所從來但喻久爾故虞書云二十八載帝乃殂落
百姓如喪考妣三載四海遏密八音是心喪三年未有服制
之明驗也第三明三王已降澆僞漸起故制喪服以表哀情
者案郊特牲云大古冠布齊則緇之鄭注云唐虞已上曰大
古又云冠而敝之可也注云此重古而冠之耳三代改制齊
冠不復用也以白布冠質以爲喪冠也據此而言則唐虞已
上吉凶同服惟有白布衣白布冠而已故鄭注云白布冠爲
喪冠又案三王以來以唐虞白布冠爲喪冠又案喪服記云
凡衰外削幅裳内削幅注云大古冠布衣布先知爲上外殺
其幅以便體也後知爲下内殺其幅稍有飾也後世聖人易
之以此爲喪服據此喪服記與郊特牲兩注而言則鄭云後
世聖人夏禹也是三王用唐虞白布冠白布衣爲喪服矣第
四明旣有喪服須明喪服二字者案鄭目録云不忍言死而
言喪喪者棄亡之辭若全存於彼焉已棄亡之耳又案曲禮
云天子曰崩諸侯曰薨大夫曰卒士曰不禄庶人曰死爾雅
曰崩薨卒不禄皆訓死也是士以上。爲義稱庶人言死得其
揔名鄭注曲禮云死之言澌精神澌盡又案檀弓孔子云喪
欲速貧春秋左氏傳魯昭公出居乾侯齊侯唁公於野井公

曰喪人其何稱是喪棄亡之辭棄於此存於彼是孝子不忍言父母精神盡澌雖棄於此猶存於彼以此鄭義言之其喪字去聲讀之人或以平聲讀之者雖不與同義亦通也死者既喪生人制服服之者但貌以表心服以表貌故禮記閒傳云斬衰何以服苴苴惡貌也所以首其内見諸外斬衰貌若苴齊衰貌若枲大功貌若止小功緦麻容貌可也下又云斬衰三升三升半齊衰四升以下是其孝子喪親以衣服表心但吉服所以表德凶服所以表哀德有高下章有升降哀有淺深布有精麤不同者也第五明喪服章次以精麤爲敘者案喪服上下十有一章從斬至緦麻升數有異異者斬有二義不同爲父以三升爲正爲君以三升半爲義其冠同六升三年齊衰惟有正之四升冠七升繼母慈母雖是義以配父故與因母同是以畧爲節有正而已杖期齊衰有正而已父在爲母與爲妻同正服齊衰五升冠八升不杖齊衰期章有正有義二等正則五升冠八升義則六升冠九升齊衰三月章皆義服齊衰六升冠九升曾祖父母計是正服但正服合以小功以尊其祖不服小功而服齊衰非本服故同義服也殤大功有降有義爲夫之昆弟之長子殤是義其餘皆降服也降服衰七升冠十升義服衰九升冠十一升大功章有降有正有義姑姊妹出適之等是降婦人爲夫之族類爲義自

餘皆正衰冠如上釋也緦衰唯有義服四升半皆冠七升而已以諸侯大夫爲天子故同義服也殤小功有降有義婦人爲夫之族類是義自餘皆降服降則衰冠同十升義則衰冠同十二升小功亦有降亦有正有義如前釋緦麻亦有降有正有義皆如上陳但衰冠同十五升抽去半而已自斬以下至緦麻皆以升數升數少者在前升數多者在後要不得以此升數爲敘者一則正義及降升數不得同在一章又緦衰四升半在大功之下小功之上鄭下注云在小功之上者欲審著縷之精麤若然喪服章次雖以升數多少爲前後要取縷之精麤爲次第也第六明作傳之人又明作傳之義傳曰者不知是誰人所作人皆云孔子弟子卜商字子夏所爲案公羊傳是公羊高所爲公羊高是子夏弟子今案公羊傳有云者何何以曷爲孰謂之等今此傳亦云者何何以孰謂曷爲等之問師徒相習語勢相遵以弟子却本前師此傳得爲子夏所作是以師師相傳蓋不虛也其傳內更云傳者是子夏引他舊傳以證己義儀禮見在一十七篇餘不爲傳獨爲喪服作傳者但喪服一篇揔包天子已下五服差降六術精麤變除之數既繁出入正殤交互恐讀者不能悉解其義是以特爲傳解第七明鄭玄之注經傳兩解之云鄭氏者北海郡高密縣人姓鄭名玄字康成漢僕射鄭崇八世孫也後漢

徵爲大司農而不就年七十四卒於家云注者注義於經傳之下辨其義意若傳不釋經者則注在傳上以釋經若傳義難明者則在傳下以釋傳又在傳下注皆須題云玄謂以別傳若在傳上注者不須題玄義可知或云注或云傳出注述者意耳或有解云前漢以前云傳後漢以後云注若然王弼王肅之等後漢之人云傳此說非也

傳　子夏

儀禮　鄭氏注

喪服斬衰裳苴絰杖絞帶冠繩纓菅屨者

者者明爲下出也凡服上曰衰下曰裳麻在首在要皆曰絰絰之言實也明孝子有忠實之心故爲制此服焉首絰象緇布冠之缺項要絰象大帶又有絞帶象革帶齊衰以下用布

疏　喪服至屨者○釋曰題此二字於上者與此一篇爲揔目言斬衰裳者謂斬三升布以爲衰裳不言裁割而言斬者取痛甚之意知者案三年問云創鉅者其日久痛甚者其愈遲雜記縣子云三年之喪如斬期之喪如剡謂哀有深淺是斬者痛深之義故云斬也若然斬衰先言斬下疏衰後言齊者以斬衰先斬布後作之故先言斬疏衰先作之後齊之故後云齊斬齊既有先後是以作文有異也云苴絰杖絞帶

者以一苴目此三事謂苴麻爲首絰要絰又以苴竹爲杖又以苴麻爲絞帶知此三物皆同苴者以其冠繩纓不得用苴明此三者皆用苴又喪服小記云苴杖竹也記人解此杖是苴竹也又絞絞帶與要絰象大帶與革帶二者同在要要絰既苴明絞帶與要絰同用苴可知又喪服四制云苴衰不補則衰裳亦同苴矣云冠繩纓者以六升布爲冠又屈一條繩爲武垂下爲纓冠在首退在帶下者以其衰用布三升冠六升冠既加飾故退在帶下又齊衰冠纓用布則知此繩纓不用苴麻用枲麻故退冠在下更見斬義也云菅屨者謂以菅草爲屨詩云白華菅兮白茅束兮鄭云白華已漚名之爲菅濡刃中用則此菅亦是已漚者也已下諸章並見年月唯此斬章不言三年者以其喪之痛極莫甚於斬故不言年月表創鉅而已是以衰設人功之疏絰又言麻之形體至於齊衰已下非直見人功之疏又見絰去麻之狀貌舉齊衰云三年明上斬衰三年可知然此一經爲次若此者以先喪而後服故服在喪下又先斬後乃爲衰裳故斬文在衰裳之上絰杖絞帶俱蒙於苴故苴又在前經中經有二事仍以首絰爲主故絰文在上杖者各齊其心故在絞帶之前冠纓雖加於首以其不蒙於苴故退文在下屨乃服中之賤○最後爲宜聖人作文倫次然○注者者至用布○釋曰云者者明爲下出也者

周公設經上陳其服下列其人此經所陳服服者明爲下人所出故服下出者明臣子爲君父等所出也案下諸章皆言者鄭止一解餘皆不釋義皆如此也云凡服上曰衰下曰裳者言凡者鄭欲兼解五服案下記云衰廣四寸長六寸綴之於心摠號爲衰非正當心而已故諸言衰皆與裳相對至於弔服三者亦謂之爲衰也云麻在首在要皆曰絰知一絰而兼二○者以子夏傳要首二絰俱解禮記諸文亦首要並陳故士喪禮云要絰小焉故知一絰而兼二文也云絰之言實也明孝子有忠實之心故爲制此服焉檀弓云絰也者實也明孝子有忠實之心故爲制此服焉案問喪云斬衰貌若苴齊衰貌若枲之等皆是心內苴惡貌亦苴惡服亦苴惡是服以象貌貌以象心是孝子有忠實之心若服苴惡而貌美心不苴惡者是中外不相稱無忠實之心者也云首絰象緇布冠之缺項者案士冠禮緇布冠青組纓屬於缺鄭注云缺讀如有頍者弁之頍緇布冠之無笄者著頍圍髮際結項中隅爲四綴以固冠也此所象無正文但喪服法吉服而爲之吉時有二帶凶時有二絰以要絰象大帶明首絰象頍項可知以彼頍項爲吉時緇布冠無笄故用頍項以固之今喪之首絰與冠繩纓別材而不相綴今言象之者直取絰法象頍項而爲之至於喪冠亦無笄直用六升布爲冠一條繩爲纓與此全異

也云要絰象大帶者案玉藻云大夫以下大帶用素天子朱裏終裨以玄黃士則練帶裨下末三赤用緇是大帶之制今此要絰下傳名爲帶明象吉時大帶也云又有絞帶象革帶者案玉藻韠之形制云肩革帶博二寸吉備二帶大帶申束衣革帶以佩玉佩及事佩之等今於要絰之外別有絞帶明絞帶象革帶可知案士喪禮云苴絰大鬲要絰小焉又云婦人之帶牡麻結本注云婦人亦有首絰但言帶者記其異此齊衰婦人斬衰婦人亦有苴絰以此而言則婦人吉時雖云女鞶絲以絲爲帶而無頍項今於喪禮哀痛甚亦有二絰與絞帶以備喪禮故此絰具陳於上男女俱言於下明男女共有此服也云齊衰已下用布者即下齊衰章云削杖布帶是也若然案此經凶服皆依舊名唯衰與絰特制別名者案禮記檀弓云有以故興物者鄭云衰絰之制以絰表孝子忠實之心衰明孝子有哀摧之義故制此二者而異名見其哀痛之甚故也

傳曰斬者何不緝也苴絰者麻之有蕡者也苴絰大搹左本在下去五分一以爲帶齊衰之絰斬衰之帶也去五分一以爲帶大

功之絰齊衰之帶也去五分一以爲帶小功之絰大功之帶也去五分一以爲帶緦麻之絰小功之帶也去五分一以爲帶苴杖竹也削杖桐也杖各齊其心皆下本杖者何爵也無爵而杖者何擔主也非主而杖者何輔病也童子何以不杖不能病也婦人何以不杖亦不能病也絞帶者繩帶也冠繩纓條屬右縫冠六升外畢。鍛而勿灰衰三升菅屨者菅菲也外納居倚廬寢苫枕塊哭晝夜無時歠粥朝一溢米夕一溢米寢不說絰帶既虞翦

屏柱楣寢有席食疏食水飲朝一哭夕一哭

而已既練舍外寢始食菜果飯素食哭無時

盈手曰搹搹扼也中人之扼圍九寸以五分一爲殺者象五服之數也爵謂天子諸侯卿大夫士也無爵謂庶人也擔猶假也無爵者假之以杖尊其爲主也非主謂衆子也屬猶著也通屈一條繩爲武垂下爲纓著之冠也布八十縷爲升升字當爲登登成也今之禮皆以登爲升俗誤已行久矣雜記曰喪冠條屬以別吉凶三年之練冠亦條屬右縫小功以下左縫外畢者冠前後屈而出縫於武也二十兩曰溢爲米一升二十四分升之一楣謂之梁柱楣所謂梁闇疏猶麤也舍外寢於中門之外屋下壘墼爲之不塗墍所謂堊室也素猶故也謂復平生時食也斬衰不書受月者天子諸侯卿大夫士虞卒哭異數

〔疏〕傳曰至無時○釋曰云斬者何問辭以執所不知故云者何云不緝也者荅辭此對下疏衰裳齊齊是緝此則不緝也云苴絰者麻之有蕡者也案爾雅釋草云蕡枲實孫氏注云蕡麻子也以色言之謂之苴以實言之謂之蕡下言牡者對蕡爲名言枲者對苴生稱也是以云斬衰貌若苴齊衰貌若枲也若然枲是雄麻蕡是子麻爾雅

云蕡枲實者舉類而言若圓曰簞方曰笥鄭注論語云簞笥亦舉其類也下傳云牡麻者枲麻也不連言經此苴連言經者欲見苴經別於苴杖故下傳別云苴杖後傳牡麻不連言經此苴連言經者彼無他物之嫌獨有經故不須連言經也云苴經大搹左本在下者士喪禮文與此同彼此皆云苴經大搹連言苴者但經連言苴經中有此二言經大搹先據首經而言也雷氏以搹搤不言寸數則各從其人大小爲搤非鄭義據鄭注無問人之大小皆以九寸圍之爲正若中人之跡尺二寸也云左本在下者本謂麻根案士喪禮鄭注云下本在左重服統於內而本陽也以其父是陽左亦陽言下是內故云重服統於內以言痛從心內發故也此對爲母右本在上輕服統於外而本陰也云去五分一以爲帶者以其首經圍九寸取五寸去一寸得四寸餘四寸一寸爲五分摠二十分去四分餘十六分取十五分五分爲寸爲三寸添前四寸爲七寸并一分摠七寸五分寸之一也云齊衰之經斬衰之帶也者以其大小同故疊而同之也云去五分一以爲帶者謂七寸五分寸之一中五分去一爲齊衰之帶今計之以七寸中取五寸去一寸得四寸餘二寸寸分爲二十五分二寸合爲五十分餘一分者又破爲五分添前爲五十五分亦五分去一摠去一十一分餘四十四分在又二十五分爲

一寸餘十九分在齊衰之帶總五寸二十五分寸之十九也
云大功之絰齊衰之帶也去五分一以爲帶者就五寸中去
一寸得四寸前二十五分破寸今大功百二十五分破寸則
以十九分者各分破爲五分十九分總破爲九十五與百二
十五分破寸相當就九十五分中五分去一去十九餘七十
六則大功之絰五寸二十五分寸之十九帶則四寸百二十
五分寸之七十六又云小功之絰大功之帶也去五分一以
爲帶者又就四寸百二十五分寸之七十六中五分去一前
白二十五分破寸今亦四倍加之以六百二十五分破寸然
後五分去一爲小功帶又云緦麻之絰小功之帶去五分一
以爲帶則亦四倍加之前六百二十五分破寸今則三千一
百二十五分破寸五分去一取四以爲緦麻之帶絰帶之等
皆以五分破寸既有成法何假盡言然斬衰有二齊衰有四
大功小功成人與殤各有二等緦麻殤與成人章又不別若
使絰帶各依外數則參差難等是以子夏作傳五服各爲一
節計之似周禮掌客云羣介行人宰史各以爵等爲牢禮之
數鄭云以命數則參差難等畧於臣用爵而已此經亦然也
士喪禮云苴絰大鬲下本在左要絰小焉鄭注云絰帶之差
自此出焉謂子夏言絰帶之差出於士喪之絰故鄭指而言
之也但斬衰之絰圍九寸者首是陽故欲取陽數極於九自

齊衰以下自取降殺之義無所法象也云苴杖竹也削杖桐也者傳意見經唯云苴杖不出杖體所用故言苴杖者竹也下章直云削竹亦不辨木名故因釋之云削竹者桐也若然經言苴杖因釋削杖唯上下二章不通於下是以兼釋之至於經帶五服自明故不兼釋然爲父所以杖竹者父者子之天竹圓亦象天竹又外內有節象子爲父亦有外內之痛又竹能貫四時而不變子之爲父哀痛亦經寒溫而不改故用竹也爲母杖桐者欲取桐之言同內心同之於父外無節象家無二尊屈於父爲之齊衰經時而有變又案變除削之使方者取母象於地故也此雖不言杖之麤細案喪服小記云經殺五分而去一杖大如經鄭注云如要經也鄭知如要經者以其先云經五分爲殺爲要經其下即云杖大如經明如要經也如要經者以杖從心已下與要經同處故如要經也云杖各齊其心者杖所以扶病病從心起故杖之高下以心爲斷也云皆下本者本根也案士喪禮下本注云順其性也云杖者何爵也者爵此已下有五問五荅皆爲杖起文云者何者亦是執所不知以其吉時五十已後乃杖所以扶老今爲父母之喪有杖有不杖不知故執而問之云爵以爵荅之以其有爵之人必有德有德則能爲父母致病深故許其以杖扶病云無爵而杖者何問辭也庶人無爵亦得杖云擔主

也者苔辭也以其雖無爵無德然以適子故假取有爵之杖
爲之喪主拜賓送賓成喪主之義也云非主而杖者何問辭
也輔病也苔辭也鄭云謂衆子雖非爲主子爲父母致病是
同亦爲輔病也云童子何以不杖者案此子夏之問辭有不
同或云者何或云何以或云何如或云孰後或云孰謂或云
何大夫或云曷爲有此七者苔有義意凡言者何皆謂執所
不知故隱元年公羊傳云元年者何何休云諸據疑問所不
知故曰者何即此問杖者何是也稱何以者皆據彼決此即
下云父爲長子何以三年據期章爲衆子期適庶皆子長子
獨三年是據彼決此也此即公羊傳云何以不言即位何休
云據文公言即位隱不稱即位是也云何如者問比類之辭
即下傳云何爲而可爲人後者同宗則可爲人後是其問比
類也云孰後者不問比類依不杖章子夏傳云孰後後大宗
禮有大宗小宗故問誰爲後云孰謂者亦是問比類但舊君
有二等一是待放之臣二是致仕之臣俱爲舊君是以齊衰
三月章云舊君傳曰爲舊君者孰謂也仕焉而已者也出其
有二等故問比類也即公羊傳云王者孰謂謂文王是也云
何大夫者亦是據彼決此即齊衰三月章云大夫爲舊君傳
曰何大夫之謂乎言其以道去君而猶未絶也由其大夫有
致仕者有待放者不同故舉何大夫之問也言曷爲者亦是

據彼決此故不杖章云大夫曷爲不降命婦也云謂據大夫於姑姊妹出嫁宜降不降故舉曷爲之問也今云童子何以不杖問辭也不能病也答辭也此庶童子非直不杖以其未冠首加免而已故問喪云免者以何爲也曰不冠者之所服也言何以者據當室童子及成人皆杖唯此庶童子不杖故云何以決之也知當室童子杖者案問喪云禮曰童子不總唯當室總總者其免也當室則免而杖矣謂適子也案雜記云童子哭不偯不踊不杖不菲不廬注云未成人者不能備禮也此獨云不杖餘不言者此上下皆釋杖故言杖不云餘者其實皆無直有衰裳經帶而已又云婦人何以不杖亦不能病也者此亦謂童子婦人若成人婦人正杖知者此喪服上陳其服下陳其人喪服之下男子婦人俱列男子婦人同有苴杖又喪大記云三日子夫人杖五日大夫世婦杖諸經皆有婦人杖文故知成人婦人正杖也明此童子婦人案喪服小記云女子子在室爲父母其主喪者不杖則子一人杖鄭注云女子子在室亦童子也無男昆弟使同姓爲攝主不杖則子一人杖謂長女也許嫁及二十而笄笄爲成人成人正杖也是其童女爲喪主則亦杖矣若然童子得稱婦人者案小功章云爲姪庶孫丈夫婦人之長殤是未成人稱婦人也雷氏以爲此喪服妻爲夫妾爲君女子子在室爲父女子

子嫁及在父之室爲父三年如傳所云婦人者皆不杖喪服小記婦人不爲主而杖者唯著此一條明其餘不爲主者皆不杖此說非何者此四等婦人皆在杖科之內何得不杖又禮記諸文說婦人杖者甚衆何言無杖也云絞帶者繩帶也者以絞麻爲繩作帶故云絞帶也王肅以爲絞帶如要經焉鄭不言當依王義雷氏以爲絞帶在要經之下言之則要經五分去一爲帶但首經象頍項之布又在首要經象大帶用緇又在要故須五分去一以爲帶今絞帶象革帶與要經同在要一則無上下之差二則無麤細可象而云去要經五分一爲絞帶失其義也但經帶至虞後變麻服葛絞帶虞後雖不言所變案公士衆臣爲君服布帶又齊衰已下亦布帶則絞帶虞後變麻服布於義可也云冠繩纓條屬者喪用繩爲纓屬著也著之冠垂之爲纓也云外畢者前後兩畢之末而向外攝之也云鍛而勿灰者以冠爲首飾布倍衰裳而用六升又加以水濯勿用灰而已冠六升勿灰則七升已上故灰矣故大功章鄭注云大功布者其鍛治之功麤沽之則七升已上皆用灰也云衰三升者不言裳裳與衰同故舉衰以見裳爲君義服衰三升半不言者以縷如三升半成布三升故直言三升舉正以包義也云菅屨者菅菲也外納居倚廬者周公時謂之屨子夏時謂之菲案士喪禮屨外納鄭注云納

收餘也王謂正向外編之居倚廬孝子所居居在門外東壁倚木爲廬故既夕記云居倚廬鄭注云倚木爲廬在中門外東東方北戶又喪大記云凡非適子者自未葬以於隱者爲廬注云不欲人屬目蓋廬於東南角若然適子則廬於其北顯處爲之以其適子當應接弔賓故不於隱者若然此下有臣爲君則亦居廬案周禮宮正云大喪授廬舍辨其親疏貴賤之居注云親者貴者居倚廬疏者賤者居堊室又雜記朝廷卿大夫士居廬都邑之士居堊室見諸侯之臣爲其君之禮案喪大記云婦人不居廬若然此經云君倚廬專據男子生文云寢苫枕塊既夕文與此同彼注云苫編藁塊塙也彼又云不說經帶鄭注云哀戚不在於安若然在中門外者哀親之在外寢苫者哀親之在草故也此之衰三升枕塊據大夫已上若士則大夫適子爲士者得行大夫禮若正士則枕草衰則縷三升半成布三升雜記所云齊晏平仲爲其父麤衰斬枕草是也但平仲謙爲父服士服耳云哭晝夜無時者哭有三無時始死未殯已前哭不絕聲一無時既殯已後卒哭祭已前阼階之下爲朝夕哭在廬中思憶則哭二無時既練之後無朝夕哭唯有廬中或十日或五日思憶則哭三無時也卒哭之後未練之前唯有朝夕哭是一有時也云歠粥朝一溢米夕一溢米者孝子遭父母之喪當爲父母致病故喪

大記云水漿不入口三日之後乃始食必三日許食者聖人制法不以死傷生恐至滅性故禮許之食雖食猶節之使朝夕各一溢米而已也曾子有母之喪水漿不入於口七日者失禮之法故子思非之云先王制禮過之者俯而就之不至者跂而及之故君子執親之喪水漿不入於口者三日杖而後能起是禮之常法也云寢不說絰帶者案雜記孔子云少連大連善居喪三月不解鄭注云不解倦也又案既夕文與此同鄭注云哀感不在於安絰帶在衰裳之上而云不說則衰裳在內不說可知此據未葬前故文在虞上既虞後寢有席衰裳絰說可知也云既虞翦屏柱楣者案王制云天子七月而葬諸侯五月而葬大夫士三月而葬者又案士虞禮既葬反日中而虞鄭注士喪三虞云虞安也葬時送形而往迎魂而反反反哭之時入廟中上堂不見入室又不見乃至適寢之中而舊殯之處爲虞祭以安之禮記檀弓云葬日虞不忍一日離也是日也以虞易奠是也依公羊傳云天子九虞諸侯七虞大夫五虞士三虞今傳言既虞謂九虞七虞五虞三虞之後乃改舊廬西鄉開戶翦去戶傍兩廂屏之餘草柱楣者前梁謂之楣楣下兩頭豎柱施梁乃夾戶傍之屏也云寢有席者案閒傳云既虞卒哭柱楣翦屏芐翦不納鄭云芐今之蒲苹即此寢有席謂蒲席加於苫上也云食疏食水飲者未虞以

前朝一溢米夕一溢米而爲粥今既虞之後用麤疏米爲飯而食之明不止朝一溢夕一溢而已當以足爲度云飲水者未虞以前渴亦飲水而在既虞後與疏食同言飲水者恐虞後飲漿酪之等故云飲水而已也云朝一哭夕一哭而已者此當士虞禮卒哭之後彼云卒哭者謂卒去廬中無時之哭唯有朝夕於阼階下有時之哭喪服之中三無時哭外唯此卒哭之後未練之前一節之開是有時之哭故云而已言其不足之意云既練舍外寢者謂十三月服七升冠男子除首經而帶獨存婦人除於帶而經獨存又練布爲冠著纚屨止舍外寢之中不復居廬也云始食菜果飯素食者案喪大記祥而食肉開傳云大祥有醢醬中月而禫禫而飲醴酒始飲酒者先飲醴酒始食肉者先食乾肉曲禮云父母之喪有疾飲酒食肉疾止復初皆爲不以死傷生也云哭無時者此三無時哭中謂練後堊室之中或十日或五日思憶則哭大記云祥而外無哭者禫而內無哭者皆在哭無時之限也○注盈手至異數○釋曰云以五分一爲殺者象五服之數也者鄭五服之內外數至多若經帶象外數降殺參差難等若五服爲一節則降殺易明故鄭云象五服之數也云爵謂天子諸侯卿大夫士也者案白虎通云天子爵號又夏殷之士無爵周之道爵及命士卿大夫自然皆爵也是天子以下皆曰

爵也云屬猶著也通屈一條繩爲武垂下爲纓著之冠也者案禮記云喪冠條屬以別吉凶若然吉冠則纓武別材凶冠則纓武同材是以鄭云通屈一條繩爲武謂將一條繩從額上約之至項後交過兩相各至耳於武綴之各垂於頤下結之云著之冠者武纓皆上屬著冠冠六升外畢是也云布八十縷爲升者此無正文師師相傳言之是以今亦云八十縷謂之宗宗即古之升也云今之禮皆以登爲升俗誤已行久矣者案鄭注儀禮之時古今二禮並覩疊古文者則從經今文若疊今文者則從經古文今此注而云今之禮皆以登爲升與諸注不同則今古禮皆作升字俗誤已行久矣也若然論語云新穀既升升亦訓爲成今從登不從升者凡織紝之法皆縷縷相登上乃成緝布登義強於升故從登也引雜記者證條屬是喪冠若吉冠則纓武異材云三年之練冠亦條屬者欲見條屬以至大祥除衰杖大祥除喪之際朝服縞冠當纓武異材從吉法也云右縫小功以下左者案大戴禮云大功已上唯唯小功已下額額然孝子朝夕哭在阼階之下西面弔賓從外入門北面見之大功以上哀重其冠三辟積鄉右爲之從陰陰唯唯然順小功緦麻哀輕其冠亦三辟積鄉左爲之從陽弔賓入門北鄉望之額額然逆鄉賓二者皆條屬但從吉從凶不同也云外畢者冠前後屈而出縫於武

也者冠廣二寸落頂前後兩頭皆在武下鄉外出反屈之縫於武而爲之兩頭縫畢鄉外故云外畢案曲禮云厭冠不入公門鄭注云厭猶伏也喪冠厭伏是五服同名由在武下出反屈之故得厭伏之名檀弓云古者冠縮縫今也衡縫故喪冠之反吉非古也是吉冠則辟積無殺橫縫亦兩頭皆在武上鄉內反屈而縫之不得厭伏之名云二十兩曰溢爲米一升二十四分升之一者依筭法百二十斤曰石則是一斛若然則十二斤爲一斗取十斤分之升得一斤餘二斤斤爲十六兩二斤爲三十二兩升取三十兩十升升得三兩添前一斤十六兩爲十九兩餘二兩兩爲二十四銖二兩爲四十八銖取四十銖十升升得四銖餘八銖一銖爲十絫八銖爲八十絫十升升得八絫添前則是一升得十九兩四銖八絫於二十兩仍少十九銖二絫則別取一升破爲十九兩四銖八絫分十兩兩爲二十四銖則爲二百四十銖又分九兩兩爲二十四銖則九兩者二百一十六銖并四銖八絫添前四百六十銖八絫揔爲二十四分直取二百四十銖餘二百二十銖八絫在又取二百一十六銖二十四分分得九銖添前分得十九銖有四銖八絫四銖銖爲十絫揔爲四十絫通八絫爲四十八絫二十四分分得二絫是一升爲二十四分分得十九銖添前四銖爲二十三銖將二絫添前八絫則爲十絫

則十纍爲一銖以此一銖添前二十三銖則爲二十四銖爲一兩一兩添十九兩揔二十兩曰溢云楣謂之梁所謂梁闇者所謂書傳文案喪服四制云高宗諒闇三年鄭注云諒古作梁楣謂之梁闇讀如鶉鵪之鵪闇謂廬也廬有梁者所謂柱楣也即此柱楣者也云舍外寢於中門之外屋下壘墼爲之不塗墍所謂堊室也者今至練後不居舊廬還於廬處爲屋但天子五門諸侯三門得有中門大夫士唯有大門内門兩門而已無中門而云中門外者案士喪禮及既夕外位唯在寢門外其東壁有廬堊室若然則以門爲中門據内外皆有哭位其門在外内位中故爲中門非謂在外門内門之中爲中門也言屋下壘墼爲之者東壁之所舊本無屋而云屋下爲之者謂兩下爲屋謂之屋下對廬偏加東壁非兩下謂之廬也云不塗墍者謂翦屏而已不泥塗墍飾也云所謂堊室者閒傳云父母之喪既虞翦屏期而小祥居堊室彼練後居堊室即此外寢故鄭云所謂堊室也云謂復平生時食也者此食爲飼讀之不得爲食讀之知者天子已下平常之食皆有牲牢魚腊練後始食菜果未得食肉飲酒何得平常時食明專據米飯而言也以其初據一溢米而言既虞飯疏食食亦米飯也此既練後復平生時食食亦據米飯而言以其古者名飯爲食與公食○大夫者同音也云斬衰不書受月者

云云凡喪服所以表哀哀有盛時殺時服乃隨哀以降殺故初服麤至葬後練後大祥後漸細加飾是以冠爲受斬衰裳三升冠六升既葬後以其冠爲受衰裳六升冠七升小祥又以其冠爲受衰裳七升冠八升自餘齊衰以下受服之時差降可知然葬後有受服有不受服案下齊衰三月章及殤大功章皆云無受正大功章即云三月受以小功衰即葛九月者今此斬衰章及齊衰章應言受月而不言故鄭君特解之案雜記云天子七月而葬九月而卒哭諸侯五月而葬七月而卒哭大夫三月而葬五月而卒哭士三月而葬是月而卒哭是天子已下虞卒哭異數尊卑皆葬訖反日中而虞天子九虞諸侯七虞大夫五虞虞訖即受服士三虞待卒哭乃受服必然者以其大夫已上卒哭在後月虞在前月日已多是以虞即受服不得至卒哭士葬月卒哭與虞同月故受服待卒哭後也今不言受月者喪服摠包天子以下若言七月唯據天子若言五月唯據諸侯皆不該上下故周公設經沒去受服之文欲見上下俱合故也

儀禮疏卷第二十八

江西督糧道王賡言廣豐縣知縣阿應鱗栞

儀禮注疏卷二十八校勘記　阮元撰盧宣旬摘錄

喪服第十一　毛本一下有子夏傳三字釋文作喪服經傳第十一無子夏傳三字瞿中溶云石本原刻作喪服經傳第十一後磨改○按隋書經籍志馬融等注喪服其題皆曰喪服經傳則此四字乃舊題也疏云傳曰者不知何人所作人皆云孔子弟子卜商字子夏所爲師師相傳蓋不虛也若題中本有子夏傳三字則賈氏何必云爾此蓋唐石經誤改而後人習焉不察也

案鄭目錄云　要義同毛本無案字案禮記疏引鄭目錄俱有案字儀禮惟此篇有之正與禮記同例今本刪去蓋誤認鄭目錄云云爲注也

若全存居於彼焉已亡之耳　按下文又引此二句無居字已下有棄字

大數未聞　大要義作本按大字不誤

葬之中野　中陳閩俱作於

將由夫脩飾之君子與 要義同毛本飾作飭○按作飾與禮記三年問合

人道之至文者也 陳本要義同毛本文作大○按大是也

是士以上爲義稱 爲上聶氏有各字是也

雖不與同 陳閩俱無與字

生人制服 制上陳閩俱有爲字

斬有二義不同 陳閩要義同毛本二作正通解作斬有二有正有義無不同二字

惟有正之四升 聶氏要義同毛本通解之作服

以配父 父上陳閩俱有其字

爲夫之昆弟之長子殤 長子陳閩通解俱倒

故同義服也 故陳閩俱作皆

小功亦有降亦有正有義　要義同毛本無下亦字

要不得以此升數爲敘者　敘陳閩俱作殺

又明作傳之義　陳閩同毛本義作意

傳曰者　通解無曰字○按此本因題中無傳字故舉篇中傳曰二字釋之葉氏刪曰字蓋未達賈氏之意

語勢相遵　要義同毛本遵作連

以證己義　通解要義楊氏同毛本義作意

六術精麤　陳閩通解楊氏俱無六術二字

若傳義難明者　陳閩俱無義字

又在傳下注皆　此本皆字屬下句毛本皆作者屬此句

出注述者意耳　述下陳閩俱有之字

喪服

者者　上者字鍾本誤作屨

明孝子有忠實之心故爲制此服焉　下六字毛本脫徐本通典聶氏集釋通解俱有與本疏及疏序合楊氏無

以一苴目此三事　以一二字陳閩俱倒

謂苴麻爲首絰要絰　苴麻二字陳閩俱倒

濡刃中用　通解要義同毛本刃作韌

是以衰設人功之疏　浦鏜云設誤設從下疏挍○按段玉裁校本作說

屨乃服中之賤　通解同毛本賤下有者字

鄭止一解　陳閩同毛本止作君○按止字是

袁廣四寸　通解要義同毛本袁作裳○按袁字是

非正當心而已　正通解作止按篇中止字多誤作正盧文弨謂唐人書止多作正不必改未知何據俟考

知一經而兼二者　二下要義有文字

亦首要亞陳　首要二字要義倒

結項中　結陳閩俱作頍○按士冠禮注作結不作頍疏同

以彼頍項　彼陳閩俱作後

天子朱裏終禫　禫陳閩俱作辟按玉藻作辟

下末三·亦用緇　要義同毛本亦作尺

革帶以佩玉佩及事佩之等　玉下要義無佩字

苴絰大鬲　要義同毛本鬲作搹下同

故此經具陳於上　經陳閩俱作絰

案此經凶服　陳閩俱無案字凶俱作喪

傳曰斬者何　此傳三節徐本釋文集釋要義俱合爲一節注總在傳後與疏合通解楊氏俱與毛本同

左本在下　毛本本誤作右

絞帶者〇冠繩纓　繩徐本作纓誤〇外畢　畢通典作縪按既夕記作縪

居倚廬寢苫枕塊　釋文云塊本又作凷

盈手曰搹　按篇題疏云在傳下注皆須題云元謂以別傳若在傳上注者不須題元義可知否然傳下之注注首本有元謂二字士喪禮衆婦人戶外北面疏引喪服記傳曰小功以下爲兄弟元謂於此發兄弟傳者云云

尤可爲証今本俱無盖後人所删也又疑鄭氏原本傳注連寫故題元謂以示識别與周禮同例亦猶毛詩之箋云也但詩箋必在傳後故傳首不加傳字此則有於傳上作注者故傳首復加傳曰以别之凡傳與注皆連寫故傳下之注必揔在傳末不得分一傳爲數節

扼也 扼釋文要義俱作扼下同

壘墼爲之 壘集釋作纍

不塗墼 塗釋文作涂

牡麻者枲麻也 陳閩俱無者字○按下傳有者字

又案變除 除下聶氏有云字案隋志有喪服變除一卷葛洪撰

削之使方者 使下聶氏有下字

鄭知如要經者 要義同毛本知作云聶氏鄭云作必知

以其吉時五十已後乃杖　毛本要義已作以

亦得杖　要義同毛本亦上有何字

爲之喪主　陳閩俱無之字

輔病也　要義同毛本輔上有云字也下有者字

此七者荅有義意　浦鏜云荅當各字之誤

卽此問杖者何是也　陳閩俱無此字

皆據彼決此　決此陳閩俱作所決

俱爲舊君　爲閩本作是

言曷爲　言毛本言作云

緦者其免也　陳閩俱無緦字○按陳閩非也問服有緦

此亦謂童子婦人　此字下陳閩俱有蓋字

笄爲成人成人正杖也　成人二字陳閩俱不重出○按喪服小記重成人二字陳閩非也

王肅以爲絞帶如要經馬　馬通解要義俱作馬屬下句毛本作焉屬此句

其鍛治之功麤沽之　通解要義同毛本沽作治○按作沽與大功章注合

營菲也外納居倚廬者　要義同通解毛本無外納居倚廬五字○按毛本分節既與疏異不得不刪易疏文

孝子所居居在門外東壁　要義同通解楊氏毛本俱不重居字

自未葬以於隱者爲廬　陳本通解要義同毛本以作倚通解以下有前字○按喪大記作以無前字

此之衰三升枕塊　毛本要義之作云

雖食猶節之　猶通解作由

水漿不入於口七日者　毛本者字在七日上

云食疏食水飲者　陳閩通解俱無上食字

婦人除於帶　陳本要義同毛本於作要

中月而禫而飲醴酒　陳閩俱重禫字○按閒傳重禫字

鄭五服之内　浦鏜云鄭下當脫以字

垂下爲纓著之冠也者　陳閩俱無著之冠也四字

兩相各至耳　通解同毛本相作廂

從吉法也　吉陳閩俱作古

小功以下左者　通解要義同毛本左下有縫字○按各本注俱有縫字

大功已上唯唯　唯字陳閩俱不重毛本已作以下同

小功已下額額然　聶氏通解要義同毛本額額作頯頯下同

弔賓從外入門　聶氏通解要義同毛本入作大

落頂前後　通解要義同毛本頂作項○按項字誤頂字是也

檀弓云古者冠縮縫　檀上陳閩俱有禮字

則辟積無殺橫縫　殺通解作數

一銖爲十纍　纍陳閩監俱作絫下同通解作參下同○按絫纍古今字參者絫之誤

并四銖八纍　通解同毛本并作升

復平生時食食　通解要義同毛本不重食字

以其古者名飯爲食　陳閩俱重食字

欲見上下俱含故也　毛本欲作亦含作合通解同

儀禮注疏卷二十八挍勘記終

奉新余成教挍

儀禮疏卷第二十九

唐朝散大夫行大學博士弘文館學士臣賈公彥等撰

父傳曰爲父何以斬衰也父至尊也疏父○釋曰周公設經上陳其服下列其人即此文父已下是爲其人服上之服者也先陳父者此章恩義並設忠臣出孝子之門義由恩出故先言父也又下文諸侯爲天子妻爲夫妾爲君之等皆兼舉著服之人於上乃言所爲之人於下若然此父與君直單舉所爲之人者餘者若直言天子臣皆爲天子故舉諸侯也若直言夫則妾於君體敵亦有夫義妾爲君若直言君與前臣爲君文不殊已外亦皆嫌疑故兼舉著服之人子爲父臣爲君二者無嫌疑故單舉所爲之人而已云傳曰爲父何以斬衰也父至尊也者言何以者問比例以父母恩愛等母則在齊衰父則入於斬比並不例故問何以斬不齊衰荅云父至尊者天無二日家無二尊父是一家之尊尊中至極故爲之斬也

諸侯爲天子疏諸侯爲天子○釋曰此文在父下君上者以下文君中雖言天子兼有諸侯及大夫此天子不兼餘君君中最

尊上故特著文於上也

傳曰：天子至尊也。

疏 傳曰天子至尊也○釋曰不發問而直荅之者義可知故直荅而云天子至尊同於父也

君。

疏 君○釋曰臣爲之服此君內兼有諸侯及大夫故文在天子下鄭注曲禮云臣無君猶無天則君者臣之天故亦同之於父爲至尊但義故還著義服也

傳曰：君至尊也。

天子諸侯及卿大夫有地者皆曰君。

疏 注天子至曰君○釋曰卿大夫承天子諸侯則天子諸侯之下卿大夫有地者皆曰君案周禮載師云家邑任稍地小都任縣地大都任畺地是天子卿大夫有地者若魯國季孫氏有費邑叔孫氏有郈邑孟孫氏有郕邑晉國三家亦皆有韓趙魏之邑是諸侯之卿大夫有地者皆曰君以其有地則有臣故也天子不言公與孤諸侯大國亦有孤鄭不言者詩云三事大夫謂三公則大夫中含之也但士無臣雖有地不得君稱故僕隸等爲其長弔服加麻不服斬也

父爲長子。

不言適子，通上下也。亦言立適以長。

疏 父爲長子○釋曰君父尊外次長子之重故其文在此○注不言至以長○釋曰言長子通上下則適子之號唯據大夫士不通天子諸侯若言大子亦不通上下案服問云君所主夫人妻大子適婦鄭注云言妻見

大夫已下亦爲此三人爲喪主也則大子下及大夫之子不通士若言世子亦不通上下唯據天子諸侯之子是以鄭云不言適子通上下非直長子得通上下家子亦通上下故內則云家子則大牢注云家子猶言長子通於下也是家子亦通上下也云亦言立適以長者欲見適妻所生皆名適子第一子死也則取適妻所生第二長者立之亦名長子若言適子唯據第一者若云長子通立適以長故也

傳曰何以三年也正體於上又乃將所傳重也庶子不得爲長子三年不繼祖也

此言爲父後後者然後爲長子三年重其當先祖之正體又以其將代己爲宗廟主也庶子者爲父後者之弟也言庶者遠别之也小記曰不繼祖與禰此但言祖不言禰容祖禰共廟

【疏】傳曰何至祖也○釋曰云何以者亦是問比例以其俱是子不杖章父爲衆子期此章長子則爲之三年故發何以之傳也不問斬而問三年者斬重而三年輕長子非尊極故舉輕以問之輕者尚問明重者可知故舉輕以明重也云正體於上又乃將所傳重也者此是荅辭也以其父祖適適相承爲上已又是適承之於後故云正體於上云又乃將所傳重者爲宗廟主是有

此二事乃得三年云庶子不得爲長子三年不繼祖也者此明適適相承故須繼祖乃得爲長子三年也○注此言至共廟○釋曰云此言爲父後者然後爲長子三年者經云繼祖即是爲祖後乃得爲長子三年鄭云爲父後者然後爲長子三年不同者周之道有適子無適孫適孫猶同庶孫之例要適子死後乃立適孫乃得爲長子三年是爲父後者然後爲長子三年也云重其當先祖之正體者解經正體於上又云又以其將代已爲宗廟主也者釋經傳重也云庶子者爲父後者之弟也者謂兄得爲父後者是適子其弟則是庶子是爲父後者之弟不得爲長子三年此鄭據初而言其實繼父祖身三世長子四世乃得三年也云言庶者遠別之也者庶子妾子之號適妻所生第二者是衆子今同名庶子遠別於長子故與妾子同號也云小記曰不繼祖與禰此但言祖不言禰容祖禰共廟者案祭法云適士二廟官師一廟鄭注云官師中下之士祖禰共廟則此容祖禰共廟據官師而言若然小記所云祖禰并言者是適士二廟者也祖禰共廟不言禰直言祖舉尊而言也鄭注小記云言不繼祖禰則長子不必五世者鄭前有馬融之等解爲長子五世鄭以義推之已身繼祖與禰通已三世即得爲長子斬長子唯四世不待五世也此微破先師馬融之義也以融是先師故不正言而云

不必而已也若然雖承重不得三年有四種一則正體不得傳重謂適子有廢疾不堪主宗廟也二則傳重非正體庶孫爲後是也三則體而不正立庶子爲後是也四則正而不體立適孫爲後是也案喪服小記云適婦不爲舅後者則姑爲之小功鄭注云謂夫有廢疾他故若死而無子不受重者婦既小功不大功則夫死亦不三年期可知也

爲人後者〔疏〕爲人後者○釋曰此出後大宗其情本疏故設文次在長子之下也案喪服小記云繼別爲大宗繼禰爲小宗大宗即下文爲宗子齊衰三月彼云後大宗者則此所後亦後大宗者也

傳曰何以三年也受重者必以尊服服之何如而可爲之後同宗則可爲之後何如而可以爲人後支子可也爲所後者之祖父母妻妻之父母昆弟昆弟之子若子若子者爲所爲後之親如親子〔疏〕傳曰至若子○釋曰云何以三年者以生己父母三年彼不生己亦爲之三年故發問比例之傳也云受重者必以尊服服之者荅辭也雷氏

云此文當云爲人後者爲所後之父闕此五字者以其所後之父或早卒今所後其人不定或後祖父或後曽高祖故闕之見所後不定故也云何如而可爲之後問辭同宗則可爲之後荅辭此問亦問比類以其取後取何人爲之荅以同宗則可爲之後以其大宗子當收聚族人非同宗則不可謂同承別子之後一宗之內若別宗同姓亦不可以其收族故也又云何如而可以爲人後問辭云支子可也荅辭以其他家適子當家自爲小宗小宗當收斂五服之內亦不可闕則適子不得後他故取支子支子則第二已下庶子也不言庶子云支子者若言庶子妾子之稱言謂妾子得後人適妻第二已下子不得後人是以變庶言支支者取支條之義不限妾子而已若然適子不得後人無後亦當有立後之義也云爲所後者之祖父母已下之親至若子謂如死者之親子則死者祖父母則當已曾祖父母齊衰三月也妻謂死者之妻即後人之母也妻之父母昆弟昆弟之子並據死者妻之父母妻之昆弟妻之昆弟之子於後人爲外祖父母及舅與內兄弟皆如親子爲之著服也若然上經直言爲人後不言爲父此經直言爲所後者之祖父母及妻及死者外親之等不言死者緦麻小功大功及期之骨肉親者子夏作傳舉疏以見親言外以包內骨肉親者如親子可知

妻爲夫

傳曰夫至尊也〔疏〕妻爲夫傳曰夫至尊也○釋曰自此已下論婦人服也婦人卑於男子故次之案曲禮云天子曰后諸侯曰夫人大夫曰孺人士曰婦人庶人曰妻后以下皆以義稱士庶人得其揔名妻者齊也婦人無爵從夫之爵坐以夫之齒是言妻之尊卑與夫齊者也若然此經云妻爲夫者上從天子下至庶人皆同爲夫斬衰也傳言夫至尊者雖是體敵齊等夫者猶是妻之尊敬以其在家天父出則天夫又婦人有三從之義在家從父出嫁從夫夫死從子是其男尊女卑之義故云夫至尊同之於君父也

妾爲君傳曰君至尊也妾謂夫爲君者不得體之加尊之也雖士亦然〔疏〕妾爲君傳曰君至尊也○釋曰妾賤於妻故次妻後案內則云聘則爲妻奔則爲妾鄭注云妾之言接聞彼有禮走而往焉以得接見於君子是名妾之義但其並后匹適則國亡家絶之本故深抑之別名爲妾也既名爲妾故不得名壻爲夫故加其尊名名之爲君也亦得接於夫又有尊事之稱故亦服斬衰也云君至尊也者既名夫爲君故同於人君之至尊也○注妾謂至亦然○釋曰云不得體之加尊之也者以妻得體之得名爲夫妾雖接見於夫不得體敵故加尊之而名夫爲君是以服斬也云雖士亦然者案孝

經士言爭友則屬諫不得爲臣則士身不合名君至於妾之尊夫與臣爲異是以雖士妾得稱夫爲君故云雖士亦然也

女子子在室爲父 女子子者子女也別於男子也言在室者謂已許嫁

〔疏〕女子至爲父○注女子至許嫁○釋曰自此盡爲父三年論女子子子爲父出及在室之（、制服又與男子不同云女子子者子女也別於男子也者男子女子各單稱子是對父母生稱今於女子別加一字故雙言二子以別於男子者云言在室者關已許嫁者鄭意經直云女子子爲父得矣而別加在室者闕已許嫁關通也通已許嫁內則女子十年不出又云十有五年而笄女子子十五許嫁而笄謂女子子年十五笄四德已備許嫁與人即加笄與丈夫二十而冠同死而不殤則同成人矣身既成人亦得爲父服斬也雖許嫁爲成人及嫁要至二十乃嫁於夫家也

布總箭笄髽衰三年 此妻妾女子子喪服之異於男子者總束髮謂之總者既束其本又總其末箭笄篠竹也髽露紒也猶男子之括髮斬衰括髮以麻則髽亦用麻以麻者自項而前交於額上卻繞紒如著幓頭焉小記曰男子冠而婦人笄男子免而婦人髽凡服上曰衰下曰裳此但言衰不言裳婦人不殊裳衰如男子衰下如深衣深衣則衰無帶

下又無衽【疏】布總至三年○注此妻至無衽○釋曰上文不言布不言三年至此言之者上以哀極故沒其布名與年月至此須言之故也以其笄既用箭則總不可不言用布又上文經至練有除者此經三者既與男子有殊並終三年乃始除之矣案喪服小記云婦人帶惡笄以終喪彼謂婦人期服者帶與笄終喪此斬衰帶亦練而除笄亦終三年矣故以三年言之云此妻妾女子子喪服之異於男子者鄭據經上下婦人服斬者而言若然周公作經越妻妾而在女子子之下言之者雷氏云服者本爲至情故在子之下爲文也若然經之體例皆上陳服下陳人此服之異在下言之者欲見與男子同者如前與男子異者如後故設文與常不例也以上陳服下陳人則上服之中亦有女子子今更言女子子是言其異者若然上文列服之中冠纚纓非女子所服此布總笄髽等亦非男子所服是以爲文以易之也云謂之總者既束其本又總其末者鄭解此經云布總者只爲出紒後垂爲飾者而言以其布總六升與男子冠六升相對故知據出見者而言是以鄭云謂之總者既束其本又總其末也云箭笄篠竹也者案尚書禹貢云篠簜既敷孔云篠竹箭是箭篠爲一也又云髽露紒也猶男子之括髮者髽有二種案士喪禮曰婦人髽于室注云始死婦人將斬衰者去笄而纚將

齊衰者骨笄而纚今言髽者亦去笄纚而紒也齊衰以上至笄猶髽髽之異於括髮者旣去纚而以髮爲大紒如今婦人露紒其象也其用麻布亦如著幓頭然是婦人髽之制也二種者一是未成服之髽即士喪禮所云者是也將斬衰者用麻將齊衰者用布二者成服之後露紒之髽即此經注是也云斬衰括髮以麻則髽亦用麻者案喪服小記云斬衰括髮以麻免而以布男子髻髮與免用布有文婦人髽用麻布無文鄭以男子髻髮婦人髽同在小斂之節明用物與制度亦應不殊但男子陽以外物爲名名爲括髮婦人陰以內物爲稱稱爲髽爲與耳鄭引漢法幓頭況者古之括髮其髽之狀亦如此故鄭注士喪禮云其用麻布亦如著幓頭也引喪服小記者彼男子冠婦人笄相對有二時一者男子二十而冠婦人許嫁而笄吉時相對也一者成服後男子喪服婦人箭笄喪中相對也今此小記所云參上下文是據喪中冠笄相對而言引之者證經箭笄是與男冠相對之物也云男子免而婦人髽者亦小記之文此免旣齊衰以下用布爲免則髽是齊衰以下亦同用布爲髽相對而言也但男子陽多變斬衰名括髮齊衰以下名免耳婦人陰少變故齊斬婦人同名髽案士喪禮鄭注云衆主人免者齊衰將袒以免代冠免之制未聞舊說以爲如冠狀廣一寸亦引小記括髮及漢幓頭

爲說則括髮及免與髽三者雖用麻布不同皆如著幓頭不别若然成服以後斬衰至緦麻皆冠如著幓頭婦人皆露紒而髽也云凡服上曰衰下曰裳此但言衰不言裳婦人不殊裳者以其男子殊衣裳是以衰綴於衣衣統名爲衰故衰裳並見案周禮内司服王后六服皆單言衣不言裳以連衣裳不别見裳則此喪服亦連裳於衣衰亦綴於衣而名衰故直名衰無裳之别稱也云衰如男子衰者婦人衰亦如下記所云凡衰外削幅以下之制如男子衰也云下如深衣者如深衣六幅破爲十二闊頭鄉下狹頭鄉上縫齊倍要也云深衣則衰無帶下者案下記云衣帶下尺注云衣帶下尺者要也廣尺足以掩裳上際也今此裳既縫著衣不見裏衣故不須要以掩裳上際故知無要也云又無衽者又案下記云衽二尺有五寸注云衽所以掩裳際也彼據男子陽多變故衣裳别制裳又前三幅後四幅開兩邊露裏衣是以須衽屬衣兩旁垂之以掩交際之處此既下如深衣縫之以合前後兩邊不開故不須衽以掩之也案深衣云續衽鉤邊注云續猶屬也衽在裳旁者也屬連之不殊裳前後也鉤邊如今曲裾也彼吉服深衣須有曲裾之衽此婦人凶服之衰下連裳雖如深衣不得盡如深衣并有衽故鄭揔云下無衽則非直無喪服之衽亦無吉服深衣之衽也

傳曰緦

六升長六寸箭笄長尺吉笄尺二寸總六升者首飾象冠數長六寸謂出紒後所垂爲飾也

【疏】傳曰總至二寸○釋曰云箭笄長尺吉笄尺二寸者此斬之笄用箭下記云女子子適人爲父母婦爲舅姑用惡笄鄭以爲榛木爲笄則檀弓南宮縚之妻之姑之喪云蓋榛以爲笄是也吉時大夫士與妻用象天子諸侯之后夫人用玉爲笄今於喪中唯有此箭笄及榛二者若言寸數亦不過此二等以其斬衰尺吉笄尺二寸檀弓南宮縚之妻爲姑榛以爲笄亦云一尺則大功以下不得更容差降鄭注小記云笄所以卷髮既在同卷髮故五服畧爲一節皆用一尺而已是以女子子爲父母既用榛笄卒哭之後折吉笄之首歸於夫家以榛笄之外無可差降故用吉笄也若然總不言吉而笄言之者以其喪中有用吉笄之法故小記無折笄之法當記文故小記折吉笄之首是也○注總六至飾也○釋曰云總六升者首飾象冠數也上云男子冠六升此女子子總用布當男子冠用布之處故同六升以同首飾故也十五升首飾尊故吉服之冕三十升亦倍於朝服十五升也云長六寸謂出紒後所垂爲飾也鄭知者若據其束本尺所不見何寸數之有乎故鄭以六寸據垂之者此斬衰六寸南宮縚妻爲姑總八寸以下雖無

文大功當與齊同八寸緦麻小功同一尺吉緦當尺二寸與笄同也

子嫁反在父之室爲父三年

謂遭喪後而出者始服齊衰期出而虞則受以三年之喪受既虞而出則小祥亦如之既除喪而出則已凡女行於大夫以上曰嫁行於士庶人曰適人

〔疏〕子嫁至三年○釋曰不言女子子直云子嫁者上文已云女子子別於男子此承上故不須具言直云子嫁是女子子可知直云反爲父足矣而云反在父之室者以其出時父已死初服齊衰不與在室同既服齊衰後反被出更服斬衰即與在室同故須言在室也言三年者亦有事須言以其初死服朞服死後被出向父家更服斬衰三年與上在室者同故須言三年也○注謂遭喪至適人○釋曰鄭知遭喪後被出者若父未死被出自然是在室與上文同何須設此經明是遭喪後被七出者云始服齊衰者以其遭父喪時未出即不杖期麻屨章云女子子嫁爲父母是也云出而虞則受以三年之喪受者若不被出則虞後以其冠爲受嫁女在室爲父五升衰裳八升總今未虞而出是出而乃虞虞後受服與在家兄弟同受斬衰斬衰初死三升衰裳六升冠既葬以其冠爲受受衰六升冠七升此被出之女亦受衰裳六升總七升與在室之女同故云受以三年之喪受也云既虞

而出則小祥亦如之者未虞已前未被出至受後受以出嫁之受以八升衰裳九升總今既虞後乃被出至家又與在室女同至小祥練祭在室之女受衰七升總八升此被出之女與之同故云既虞而出小祥亦如之云既除喪而出則已者此謂既小祥而出者以其嫁女爲父母朞至小祥已除矣服後乃被出不復爲父更著服故云既除而出則已也云凡女行於大夫已上曰嫁行於士庶人者曰適人案齊衰三月章云女子子嫁者未嫁者爲曾祖父母傳曰嫁者嫁於大夫未嫁者成人而未嫁者是行於大夫曰嫁不杖章云女子子適人者爲其父母昆弟之爲父後者傳雖不解喪服本文是士故知行於士庶人曰適人庶人謂庶人在官者府史胥徒名曰庶人至於民庶亦同行士禮以禮窮則同之行大夫以上曰嫁若天子之女嫁於諸侯諸侯之女嫁於大夫出嫁爲夫斬仍爲父母不降知者以其外宗內宗及與諸侯爲兄弟者爲君皆斬明知女雖出嫁反爲君不降若然下傳云婦人不二斬猶曰不二天今若爲夫斬又爲父斬則是二天與傳違者彼不二天者以婦人有三從之義無自專之道欲使一心於其天此乃尊君宜斬不可以輕服服之不得以彼決此若然外宗內宗與諸侯爲兄弟服斬者豈不爲夫服斬乎明爲君斬爲夫亦斬矣

公士大夫之

衆臣爲其君布帶繩屨士卿士也公卿大夫厭於天子諸侯故降其衆臣布帶繩屨貴臣得伸不奪其正

疏公士至繩屨○注士卿至其正○釋曰云士卿士也者以其在公之下大夫之上尊卑當卿之位故知是卿士也不言公卿言士者欲見公無正職大夫又承副於卿士之言事卿有職事之重故變言士見斯義也云公卿大夫厭於天子諸侯故降其衆臣布帶繩屨者鄭解公卿大夫天子諸侯並言之者欲見天子諸侯下皆有公卿大夫公卿大夫下皆有貴臣衆臣若然天子諸侯下公卿大夫周禮典命及大宰具有其文此諸侯下公卿典命大國立孤一人是也以其諸侯無公故以孤爲公卿燕禮云若有諸公則先卿獻之鄭注云諸公者大國之孤也孤一人言諸者容牧有三監是以其孤爲公言厭於天子諸侯故除其衆臣布帶繩屨二事其餘服杖冠絰則如常也其布帶則與齊衰同其繩屨則與大功等也云貴臣得伸不奪其正者下傳云室老士貴臣故云貴臣得伸得伸者依上文絞帶菅屨故云不奪其正也

傳曰公卿大夫室老士貴臣其餘皆衆臣也君謂有地者也衆臣杖不以即位近

臣君服斯服矣繩屨者繩菲也室老家相也士邑宰也近臣閽寺之屬君嗣君也斯此也近臣從君喪服無所降也繩菲今時不借也

〔疏〕傳曰公至菲也○釋曰云室老士貴臣其餘皆衆臣也者傳以經直云衆臣不分別上下貴賤故云室老士二者是貴臣其餘皆衆臣也云有地者衆臣杖不以即位欲見公卿大夫或有地或無地衆臣爲之皆有杖但無地公卿大夫其君卑衆臣爲之皆得以杖與嗣君同即阼階下朝夕哭位若有地公卿大夫其君尊衆臣雖杖不得與嗣君同即阼階下朝夕哭位下君故也○注室老至借也○釋曰云室老家相也者左氏傳云臧氏老論語云趙魏老是家臣稱老云家相者案曲禮云大夫不名家相長妾以大夫稱家是室老相家事者也云士邑宰也者雜記云大夫居廬士居堊室鄭注云士居堊室亦謂邑宰也與此同皆謂邑宰爲士也若然孤卿大夫有菜邑者其邑既有邑宰又有家相若魯三卿公山弗擾爲季氏費宰子羔爲孟氏之郈宰之類皆爲邑宰也陽貨冉有子路之等爲季氏家相亦名家宰若無地卿大夫則無邑宰直有家宰則孔子爲魯大夫而原思爲之宰是直有家相者也此等諸侯之臣而有貴臣衆臣之事案周禮載師云家邑任稍地小都任縣地大都任畺地是天子

公卿大夫有菜地者也案鄭志荅云天子之卿其地見賜乃有何由諸侯之臣乃有此地則天子下有無地者也有菜地者有邑宰復有家相無地者直有家相可知云近臣閽寺之屬者周禮天子宮有閽人寺人閽人掌守中門之禁晨夜開閉墨者使守門者也寺人掌外內之通令奄人使守后之宮門者也是皆近君之小臣又與衆臣不同無所降其服又得與貴臣等不嫌相逼通也是以喪服小記云近臣君服斯服矣其餘從而服不從而稅彼亦是近君小臣與大臣異也云君嗣君也者釋傳云君服但其君以死矣更有君爲死君之服故知是嗣君若然案王制畿內諸侯不世爵而世祿彼則天子公卿大夫未爵命得有嗣君者以世祿降未得爵亦得爲嗣君況其中兼畿外諸侯下卿大夫也且詩云維周之士不顯亦世左氏傳云官有世功則有官族皆是臣有世功子孫得襲爵故雖畿內公卿大夫有嗣君者也云繩菲今時不借也者周時人謂之屨子夏時人謂之菲漢時謂之不借者此凶荼屨不得從人借亦不得借人皆是異時而別名也

儀禮疏卷第二十九

大清嘉慶二十年重刊
用文選樓藏本校

江西督糧道王賡言廣豐縣知縣阿應鱗栞

儀禮注疏卷二十九挍勘記　阮元撰盧宣旬摘録

父

已外亦皆嫌疑　毛本皆作有

傳曰爲父

傳曰　毛本傳上有釋曰二字

以父母恩愛等　以要義作於

此並不例　不陳閩俱作此例要義作句

諸侯爲天子

不兼餘君君中最尊上　君字陳閩俱不重

傳曰君

卿大夫有地者　陳閩俱作有地者卿大夫

大都任畺地　要義同毛本通解畺作疆○按周禮載師作畺

故僕隸等爲其長　長陳閩通解俱作喪要義無

父爲長子

若言大子　大陳閩俱作天

則大子下及大夫之子　上大字要義作天

不言適子通上下　適陳閩俱作世

傳曰何以三年也

故發何以之傳也　傳陳閩俱作問

長子非尊極　要義同毛本尊極作極尊

以其父祖適適相承爲上　爲陳閩通解俱作於

已又是適　已上陳閩俱有爲字

即是爲祖後　即陳閩俱作只

官師中下之士　按祭法注作官師中士下士

妾爲君　爲唐石經徐陳閩葛集釋通解要義楊敖俱作爲毛本作謂

與臣爲異　毛本通解爲作無

女子子在室爲父

子女也　子女二字通典倒

別於男子也　於嚴本作然張氏曰監本然作於從監本

關已許嫁　關徐本作謂通典集釋通解俱作關張氏曰監巾箱杭本謂作關疏云關通也通已許嫁從諸

本及疏

今於女子別加一字　女子二字陳閩俱倒

故雙言二子　陳本要義同毛本子作字按子字是

布總箭笄髽衰三年

篠竹也　徐本集釋楊氏同釋文通典通解敖氏毛本俱無竹字按嚴本有竹字與釋文不合而張氏無說蓋偶遺之耳○按段玉裁云篠上仍當有箭字

以麻者自項而前　徐本集釋楊氏同毛本通解以麻者作蓋以麻

深衣則衰無帶下　衰集釋作裳

云箭笄篠竹也者　要義同毛本無竹字

用布爲免　爲要義作而

傳曰總六升
大夫士與妻用象　與浦鏜改作之
故小記無折笄之法當記文　周學健云十一字蓋緣下文故小記三字而誤衍
人所不見　人要義作入通解作入
子嫁反在父之室
故須言三年也　陳閩俱無故須二字
鄭知遭喪後被出者　陳閩俱無遭字
仍爲父母不降知者　知要義作之
公士大夫之衆臣
天子諸侯下公卿大夫　公上閩本有有字

傳曰公卿大夫室老士貴臣臣下通典有也字○君謂有地者也通典作君有菜地者皆曰君也按通典八十七卷五服成服篇及八十八卷斬縗三年篇兩引皆同

孤卿大夫有菜邑者通解同毛本菜作采下同要義作采

不嫌相逼通也陳閩通解俱無通字

但其君以死矣要義同毛本以作已

兼畿外諸侯下卿大夫也外陳閩俱作內下毛本作公陳本要義俱作下案以下文考之外字當從陳閩作內以前節疏考之下公二字宜兼有之

儀禮注疏卷二十九挍勘記終

奉新余成教挍

儀禮疏卷第三十

唐朝散大夫行大學博士弘文館學士臣賈公彥等撰

疏衰裳齊牡麻絰冠布纓削杖布帶疏屨三年者疏猶麤也

疏 疏衰至年者○注疏猶麤也○釋曰此齊衰三年章以輕於斬故次斬後疏猶麤也麤衰者案上斬衰章中爲君三升半麤衰鄭注雜記云微細焉則屬於麤則三升正服斬不得麤名三升半成布三升微細則得麤稱麤衰爲在三升斬內以斬爲正故沒義服之麤至此四升始見麤也若然爲父哀極直見深痛之斬不沒人功之麤至於義服斬衰之等乃見麤稱至於大功小功更見人功之顯緦麻極輕又表細密之事皆爲哀有深淺故作文不同也斬衰先言斬者一則見先斬其布乃作衰裳二則見爲父極哀先表斬之深重此齊衰稍輕直見造衣之法衰裳既就乃始緝之是以斬衰斬在上齊衰齊在下牡麻絰者斬衰絰不言麻此齊衰絰見麻者彼有杖杖亦苴故不得言麻此絰文孤不兼杖故得言麻也云冠布纓者案斬衰冠繩纓退在絞帶下使不蒙苴齊冠布纓無此義故進之使與絰同

處此布纓亦如上繩纓以一條爲武垂下爲纓也云削杖布帶者並不取蒙苴之義故在當處但杖實是桐不言桐者以斬衰杖不言竹使蒙苴故闕竹字此既不取蒙苴亦不言桐者欲見母比父削殺之義故亦沒桐文也布帶者亦象革帶以七升布爲之此即下章帶緣各視其冠是也齊斬不言布此纓帶言布者以對斬衰纓帶用繩故此須言用布之事也疏屨者疏取用草之義即爾雅云疏不熟之疏若然注云疏猶麤者直釋經疏衰而已不釋疏屨之疏若然斬衰章言菅屨見草體者以其重故見草體舉其惡貌此言疏以其稍輕故舉草之摠稱自此以下各舉差降之宜故不杖章言麻屨齊衰三月與大功同繩屨小功緦麻輕又沒其屨號言三年者以其爲母稍輕故表其年月若然父在爲厭降至期今既父卒直申三年之衰猶不申斬者以天無二日家無二尊也是以父雖卒後仍以餘尊所厭直申三年不得申斬也云者者亦如斬衰章文明者爲下出也

傳曰齊者何緝也牡麻者枲麻也牡麻絰右本在上冠者沽功也疏屨者藨蒯之菲也沽猶麤也冠尊加其麤麤功大功也齊衰不書受月者亦天子諸侯卿大夫士虞卒哭異

數

疏 傳曰至菲也○注沽猶至異數○釋曰緝則今人謂之爲緶也上章傳先云斬者何不緝也此章言齊對斬故亦先言齊者何緝也云牡麻者枲麻也者此枲對上章苴苴是惡色則枲是好色故開傳云斬衰貌若苴齊衰貌若枲也云牡麻絰右本在上者上章爲父左本在下者陽統於內則此爲母陰統於外故右本在上也云疏屨者藨蒯之菲也者藨是草名案玉藻云屨蒯席則蒯亦草類云冠尊加其麤麤功大功也者此鄭雖據齊衰三年而言冠尊加服皆同是以衰裳升數恒少冠之升數恒多冠在首尊既冠從首尊故加飾而升數恒多也斬冠六升不言功者六升雖是齊之末未得沽稱故不見人功此三年齊冠七升初入大功之境故言沽功始見人功沽麤之義故云麤功見人功麤大不精者也云齊衰不書受月者亦天子諸侯卿大夫士虞卒哭異數者其義說與斬章同故云亦也

父卒則爲母 尊得伸也

疏 父卒則爲母○注尊得伸也○釋曰此章專爲母三年重於期故在前也直云父卒爲母足矣而云則者欲見父卒三年之內而母卒仍服期要父服除後而母死乃得伸三年故云則以差其義也必知義如此者案內則云女子十有五而笄二十而嫁有故二十三年而嫁注云故謂父母之喪言二十三而嫁不止一喪而已

故鄭并云父母喪也若前遭母喪後遭父喪自然爲母期爲父三年二十三而嫁可知若前遭父服未闋即得爲母三年則是有故二十四而嫁不止二十三也知者假令女年二十二月嫁娶之月將嫁正月而遭父喪并後年正月爲十三月小祥又至後年正月大祥女年二十二欲以二月將嫁又遭母喪至後年正月十三月大祥女年二十三將嫁此是父服將除遭母喪猶不得爲申三年況遭父喪在小祥之前何得即申三年也是父服未除不得爲母三年之驗一也又服問注曰爲母既葬衰八升亦據父卒爲母與父在爲母同五外衰裳八升冠既葬以其冠爲之受衰八升是父卒爲母未得申三年之驗二也間傳云爲母既虞卒哭衰七升者乃是父服除後乃爲母申三年初死衰四升冠七升既葬以其冠爲之受衰七升與此經同是父服除後爲母乃申三年之驗三也諸解者全不得思此義妄解則文說義多塗皆爲謬也尊得伸者得伸三年猶未伸斬

繼母如母

〔疏〕繼母如母○釋曰繼母本非骨肉故次親母後謂已母早卒或被出之後繼續已母喪之如親母故云如母但父卒之後如母明父在如母可知下期章不言者舉父沒後明父在如母可知慈母之義亦然皆省文也故皆舉後以明前也若然直言繼母截在三年章內自然如母可知而言

如母者欲見生事死事一皆如己母也傳曰繼母何以如母繼母之配父與因母同故孝子不敢殊也因猶親也〈疏〉傳曰至殊也○釋曰傳發問者以繼母本是路人今來配父輒如己母故發斯問荅云繼母配父即是片合之義既與己母無別故孝子不敢殊異之也

慈母如母〈疏〉慈母如母○釋曰慈母非父片。合故次後也云如母者亦生禮死事皆如己母

傳曰慈母者何也傳曰妾之無子者妾子之無母者父命妾曰女以爲子命子曰女以爲母若是則生養之終其身如母死則喪之三年如母貴父之命也此主謂大夫士之妾妾子之無母父命爲母子者其使養之不命爲母子則亦服庶母慈己之服可也大夫之妾子父在爲。母大功則士之妾子爲母期矣父卒則皆得伸也〈疏〉傳曰至命也○釋曰傳別舉傳者是子夏引舊傳證成己義故也欲見慈母之義舊己如

此故須重之如已母也云妾之無子者謂舊有子今無者失子之妾有恩慈深則能養他子以爲已子者也若未經有子恩慈淺則不得立後而養他不云君命妾曰而云父者對子而言父故言父也必先命母者容子小未有所識乃命之或養子是然故先命母也云若是則生養之終其身者案內則云孝子之身終終身也者非終父母之身終其身也彼終其身爲終孝子之身此終其身下乃云如母死則喪之三年則以慈母輕於繼母言終其身唯據終慈母之身而已明三年之後不復如是以小記云慈母不世祭亦見輕之義也云如母貴父之命也者一非骨血之屬二非配父之尊但唯貴父之命故也傳所引唯言妾之子與妾相事者案喪服小記云爲慈母後者爲庶母可也爲祖庶母可也鄭云緣爲慈母後之義父之妾無子者亦可命已庶子爲後又云即庶子爲後此皆子也傳重而已不先命之與適妻使爲母子也若然此父命妾之文兼有庶母祖庶母但不命女君與妾子爲母子而已○注此謂至伸也○釋曰鄭知此主謂大夫主之妾妾子之無母父命爲母子者知非天子諸侯之妾與妾子者案下記云公子爲其母練冠麻衣縓緣旣葬除之父後乃大功明天子庶子亦然何有命爲母子爲之三年乎故知主謂大夫士之妾與妾子也云其使養之不命爲母子則亦服庶母

慈己之服可也者小功章云君子子爲庶母之慈己者注云
君子子者大夫及公子之適妻子彼謂適妻子備三母有師
母慈母保母慈居中服之則師母保母服可知是庶母爲慈
母服小功下云其不慈己則緦可也是大夫之適妻子不命
爲母子慈己加服小功若妾子爲父之妾慈己加服小功可
知若不慈己則緦麻矣士爲庶母緦麻章云士爲庶母傳曰
以名服也故此云不命爲母子則亦服庶母慈己者之服可
也云大夫之妾子父在爲其母大功者大功章云大夫之庶
子爲其母是大功也云士之妾子爲其母期矣者期章云父
在爲母不可言士之妾子爲其母鄭知者推究其理大夫妾
子厭降爲母大功士無厭降明如衆人服期也云父卒則皆
得伸也者士父在已伸矣但大夫妾子父在大功者父卒則
與士皆得伸三年也

母爲長子〔疏〕母爲長子○釋曰長子卑故在母下但父爲長子在斬章故
母爲長子在齊衰以子爲母服齊衰母爲之不得過於子爲
己故亦齊衰也若然長子與衆子爲母父在期若夫在爲長
子豈亦不得過於子爲己服期乎然者子爲母有降屈之義
父母爲長子本爲先祖之正體無厭降之義故不得以父在
屈至期明母爲長子不問夫之在否也

傳曰何以三年也父之所不

降母亦不敢降也不敢降者不敢以己尊降祖禰之正體【疏】傳曰至降也○釋曰云何以三年者此亦問比例父母爲衆子期等是子此何以獨三年云父之所不降母亦不敢降也者斬章又云何以三年荅云正體於上將所傳重不降故於母亦云不敢降故荅云父之所不降母亦不敢降若然夫不敢降妻亦不敢降而云父母者以其父母各自爲子故父母各云何以三年而問之是以荅各據父母爲子而言不據夫妻也○注不敢至正體○釋曰云不敢以己尊降祖禰之正體者上傳於父已荅云正體於上是以鄭解母不降亦與父同以夫婦一體故不降之義亦等

疏衰裳齊牡麻絰冠布纓削杖布帶疏屨期者【疏】疏衰至期者○釋曰案下章不言疏衰已下者還依此經所陳唯言不杖及麻屨異於上者此章疏衰已下與前章不殊唯期一字與前三年有異今不直言其異而還具列之者以其此一期與前三年懸絕恐服制亦多不同故須重列七服者也但此章雖止一期而禫杖具有案下雜記云期之喪十一月而練十三月而祥十五月而禫注云此謂父在爲母即是此章者也母之與父恩愛本同爲父所厭屈而至期是以雖屈猶申禫杖也

爲妻亦申妻雖義合妻乃天夫爲夫斬衰爲妻報以禫杖但以夫尊妻卑故齊斬有異

傳曰問者曰何冠也曰齊衰大功冠其受也緦麻小功冠其衰也帶緣各視其冠問之者見斬衰有二其冠同今齊衰有四章不知其冠之異同爾緣如深衣之緣今文無冠布纓

疏傳曰至其冠○釋曰云問者曰何冠也者此還子夏之問荅而言問者曰者子夏欲起發前人使之開悟故假他問荅己之言也云曰齊衰大功冠其受也者降服齊衰四升冠七升既葬以其冠爲受衰七升冠八升正服齊衰五升冠八升既葬以其冠爲受衰八升冠九升義服齊衰六升冠九升既葬以其冠爲受受服衰九升冠十升降服大功衰七升冠十升既葬以其冠爲受受衰十升冠十一升正服大功衰八升冠十升既葬以其冠爲受受衰十升冠十一升義服大功衰九升冠十一升既葬以其冠爲受受衰十一升冠十二升以其初死冠升皆與既葬衰升數同故云冠其受也大功亦然云緦麻小功冠其衰也者以降服小功衰十升正服小功衰十一升義服小功衰十二升緦麻十五升抽其半七升半冠皆與衰升數同故云冠其衰也義疏備於下記也云帶緣

各視其冠者帶謂布帶象革帶者緣謂喪服之内中衣緣用布緣之二者之布升數多少視猶比也各比擬其冠也然本問齊衰之冠因荅大功與緦麻小功并荅帶緣者子夏欲因問博陳其義是以假問荅異常例也○注問之至布纓○釋曰云問之者見斬衰有二其冠同者下記云斬衰三升三升有半冠六升是其冠同也云今齊衰有四章不知其冠之異同爾者下記云齊衰四升其冠七升既葬以其冠爲受受衰七升冠八升唯見此降服齊衰不見正服義服及三月齊衰一章不見以不知其冠之異同故致此問也云緣如深衣之緣者案深衣目録云深衣連衣裳而純之以采素純曰長衣有表則謂之中衣既在喪服之内則是中衣矣而云深衣目以其中衣與深衣同是連衣裳其制大同故就深衣有篇目者而言之案玉藻云其爲長中繼揜尺注云其爲長衣中衣則繼袂揜一尺若今褎矣深衣則緣而已若然中衣與長衣袂皆手外長一尺案檀弓云練時鹿裘衡長袪注云袪謂褎緣袂口也練而爲裘横廣之又長之又爲袪則先時狹短無袪可知若然此初喪之中衣緣亦狹短不得如玉藻中衣繼袂揜一尺者也但吉時麛裘即凶時鹿裘吉時中衣深衣目録云大夫以上用素士中衣不用布緣皆用采況喪中緣用布明中衣亦用布也其中衣用布雖無明文亦當視冠若然

直言緣視冠不言中衣緣用采故特言緣用布何妨喪時中衣亦用布乎云今文無冠布纓者鄭注儀禮從經今文者注内疊出古文不從古文若從經古文者注内疊出今文不從今文此注既疊出今文明不從今文從經古文有冠布纓爲正也

父在爲母疏父在爲母○釋曰斬章直言父即知子爲之可知今此言母亦知子爲之而言父在爲母者欲明父母恩愛等爲母期者由父在厭故爲母屈至期故須言父在爲母也

傳曰何以期也屈也至尊在不敢伸其私尊也父必三年然後娶達子之志也疏傳曰至之志也○釋曰上章已論斬衰不同說故傳直言何以期而不三年決之也屈也者荅辭以家無二尊故於母屈而爲期是以云至尊在不敢伸其私尊也解父在母屈之意也言不敢伸其私尊明子於父母本尊若然不直言尊而言私尊者其父非直於子爲至尊妻於夫亦至尊母則於子爲尊夫不尊之直據子而言故言私尊也若然夫妻敵體而言屈公子爲母練冠在五服之外不言屈者舉尊以見卑屈可知大夫妾子爲母大功亦斯類也云父必三年然後娶達子之志也者子於母屈而期心喪猶三

年故父雖爲妻期而除三年乃娶者通達子之心喪之志故也不云心而言志者心者萬慮之揔喜怒哀樂好惡六情皆是情則爲志母雖一期哀猶未絶是六情之中而哀偏在故云志也不云心也左氏傳晉叔向云一歲王有三年之喪二據大子與穆后天子爲后亦期而云三年喪者據達子之志而言三年也

妻傳曰爲妻何以期也妻至親也適子父在則爲妻不杖以父爲之主也服問曰君所主夫人妻大子適婦父在子爲妻以杖即位謂庶子

疏妻傳曰至親也○釋曰妻卑於母故次之夫爲妻年月禫杖亦與母同故同章也以其出嫁天夫爲夫斬故夫爲之亦與父在爲母同傳曰何以期也者傳意以妻擬母母是血屬得期怪妻義合亦期故發此之傳也此問異於常例上問母直云何以期今云爲妻乃云何以期者雷氏云妻卑以擬同於母故問深於常也云妻至親也答以妻至親故同於母言妻至親者妻既移天齊體與己同奉宗廟爲萬世之主故云至親也○注適子至庶子○釋曰云適子父在則爲妻不杖以父爲之主也者不杖章之文也又引服問者鄭彼注云言妻見大夫已下亦爲此三人爲喪主也若士卑爲此三人爲喪主可知若然至此經爲妻幷直是庶子爲妻欲見兼有適子父沒爲妻在

其中云父在子爲妻以杖即位謂庶子者案喪服小記云父在。子爲妻以杖即位可是也引之者證經云是天子以下至士庶人父皆不爲庶子之妻爲喪主故夫皆爲妻杖得伸也

出妻之子爲母出猶去也疏出妻之子爲母○釋曰此謂母犯七出去謂去夫氏或適他族或之本家子從而爲服者也七出者無子一也淫泆二也不事舅姑三也口舌四也盜竊五也妒忌六也惡疾七也天子諸侯之妻無子不出唯有六出耳雷氏云子無出母之義故繼夫而言出妻之子也

傳曰出妻之子爲母期則爲外祖父母無服傳曰絶族無施服親者屬出妻之子爲父後者則爲出母無服傳曰與尊者爲一體不敢服其私親也在旁而及曰施親者屬母子至親無絶道疏曰傳至私親也○釋曰云出妻之子爲母期則爲外祖父母無服者傳意似言出妻即是絶族故於外祖可以無服恐人疑爲之服故傳明言之也又云傳曰者子夏引他舊傳證成己義云絶族者嫁來承奉宗廟與族相連綴今出則與族絶故云

絶族也無施服者傍及爲施以母爲族絶即無傍及之服也云出母者舊傳解母被出猶爲之服也云出妻之子爲父後者則爲出母無服者舊傳釋爲父後者謂父沒適子承重不合爲出母服意云傳曰者子夏釋舊傳意云與尊者爲一體者不言與父爲體而言與尊者上斬衰章已有傳云正體於上將所傳重釋相承父祖已上皆是尊者故不言父也但事宗廟祭祀者不欲聞見凶人故雜記云有死於宫中三月不祭況有故可得祭乎是以不敢服其私親也父已與母無親子獨親之故云私親也○注在旁至絶道○釋曰云在旁而及曰施者詩云莫莫葛藟施于條枚葛與女蘿施于松上皆是在旁而及曰施此以母爲主旁及外祖今母已絶族不復及在旁故云無施服也云親者屬母子至親無絶道者屬猶續也孝經云父母生之續莫大焉故謂母子爲屬對父與母義合有絶道故云母子至親無絶道

父卒繼母嫁從爲之服報傳曰何以期也貴終也嘗爲母子貴終其恩

疏 父卒繼母嫁從爲之服報○釋曰云父卒繼母嫁者欲見此母爲父已服斬衰三年恩意之極故子爲之一期得伸禫杖但以不生己父卒改嫁故降於己母雖父卒後不伸三年一期而已云從爲之服者亦爲本是

路人暫時之。與父片合父卒還嫁便是路人子仍著服故生從爲之文也報者喪服上下幷記云報者十有二無降殺之差。感恩者皆稱報若此子念繼母恩終從而爲服母以子恩不可降殺即生報文餘皆放此

不杖麻屨者此亦齊衰言其異於上

疏不杖麻屨者○注此亦至於上○釋曰案上斬章布總箭笄亦是異於上鄭不言之至此乃注者彼亦是異於上不言者以下文更有公士大夫之衆臣爲其君布帶繩屨亦是異於上同是斬衰而有二文皆異故不得言異於上直注云此妻爲女子子異於男子而已此則雖是別章唯此二事異於上故得言之也此不杖章輕於上禫杖故次之又云此章與上章雖杖與不杖不同其正服齊衰裳皆同五升而冠八升則不異也必知父在爲母不衰四升冠七升與上三年齊衰同者見鄭注雜記云士以臣從君服之齊衰爲其母與兄弟是父在爲母與兄弟同正服五升八升之驗也又鄭注服問云爲母既葬衰八升是初死衰五升冠八升既葬以其冠爲受受衰八升冠九升是亦爲母同正服衰五升之驗也又案此章云不杖麻屨鄭云言其異於上則上章下疏衰之等亦同又是爲母同正服五升之驗也案下記云齊衰四升冠七升及間傳云爲母既虞受衰七升者唯據上章父卒爲母齊衰三年者

也

祖父母疏祖父母○釋曰孫爲之服喪服條例皆親而尊者在先故斬章先父三年齊衰先母此不杖期先祖亦是其次若然此章有降有正有義服之本制若爲父期祖合大功爲父母加隆至三年祖亦加隆至期是以祖在於章首得其宜也

傳曰何以期也至尊也疏傳曰至尊也○釋曰云何以期也至尊也者此據母而問所生之母至親唯期而已祖爲孫止大功孫爲祖既疏何以亦期荅云至尊也者祖爲孫降至大功似父母於子降至期祖雖非至親是至尊故期若然不云祖至尊而直云至尊者以是父之至尊非孫之至尊故直云至尊也

世父母叔父母疏世父母叔父母○釋曰世叔既卑於祖故次之伯言世者欲見繼世爲昆弟之子亦期不言報者以昆弟之子猶子若言報爲疏故不言報也

傳曰世父叔父何以期也與尊者一體也然則昆弟之子何以亦期也旁尊也不足以加尊焉故報之也父子一體也夫妻一體也昆弟一體

也故父子首足也夫妻牉合也昆弟四體也故昆弟之義無分然而有分者則辟子之私也子不私其父則不成爲子故有東宮有西宮有南宮有北宮異居而同財有餘則歸之宗不足則資之宗世母叔母何以亦期也以名服也宗者世父爲小宗典宗事者資取也爲姑姊妹在室亦如之

疏傳曰至名服也○釋曰傳發何以期問比例者雷氏云非父之所尊嫌服重故問也不直云何以言世父叔父者以經摠言而傳離釋故二文欲別問也云與尊者一體也者雖非至尊既與尊者爲一體故服期不言與父爲一體者直言尊者明父爲一體也爲與一尊故加期也云然則昆弟之子何以亦期也者以世叔父與二尊爲體故加期昆弟之子無此義何以亦期故怪而致問也云旁尊也不足以加尊焉故報之也者凡得降者皆由己尊也故降之世叔非正尊故生報也云父子一體已下云云傳

云此者上既云一體故傳又廣明一體之義凡言體者若人之四體故傳解父子夫妻兄弟還比人四體而言也云父子一體也者謂子與父骨血是同爲體因其父與祖亦爲一體又見世叔與祖亦爲一體也云夫妻一體也者亦見世叔母與世叔父爲一體也云昆弟一體也者又見世叔與父亦爲一體也故馬云言一體者還是至親因父加於世叔故云昆弟一體因世叔加於世叔母故以夫妻一體也因上世叔是旁尊故以下廣明尊有正有旁之義也人身首足爲上下父子亦是尊卑之上下故父子比於首足因父子兼見祖孫故馬云首足者父尊若首加祖在期子卑若足曾孫在緦也云夫婦牉合也者郊特牲云天地合而后萬物興焉是夫婦半合子肙生焉是半合爲一體也云昆弟四體也者四體謂二手二足在身之旁昆弟亦在父之旁故云四體也云故昆弟之義無分者此傳兄弟有合離之義以手足四體本在一身不可分別若昆弟共成父身亦不可分別是昆弟之義不合分也云然而有分者則辟子之私也者昆弟理不合分然而分者則辟子之私也使昆弟之子各自私朝其父故須分也云子不私其父則不成爲子者內則云子事父母鷄初鳴咸盥漱櫛縰笄總朝事父母若兄弟同在一宮則尊崇諸父之長者第二已下其子不得私其父不成爲人人之子之法也

云故有東宮有西宮云云案內則云命士以上父子異宮不命之士父子同宮繼同宮亦有隔別亦爲四方之宮也云世母叔母何以亦期也以名服也者二母是路人以來配世叔父則生母名既有母名則當隨世叔而服之故云以名服也○注宗者至如之○釋曰案喪服小記云繼別爲大宗繼禰爲小宗大宗繼別子之後百世不遷之宗在五服之中者族人爲之月筭如邦人如爲齊衰齊衰三月章宗子是也小宗有四皆據五服之內依常著服五世則別高祖則別事親者今宗子在期章之內明非大宗子是世父爲小宗典宗事者也云爲姑姊妹在室亦如之者大功章云爲姑嫁大功明未嫁在此期章若然不見姑者雷云不見姑者欲見時早出之義

大夫之適子爲妻（疏）

大夫之適子爲妻○釋曰云大夫之適子爲妻在此不杖章則上杖章爲妻者是庶子爲妻父沒後適子亦爲妻杖亦在彼章也

傳曰何以期也父之所不降子亦不敢降也何以不杖也父在則爲妻不杖大夫不以尊降適婦者重適也凡不降者謂如其親服服之降有四品君大夫以尊降公子大夫之子以厭降公之昆弟以旁尊降爲人後者

女子子嫁者以出降【疏】傳曰至不杖○釋曰怪所以期發比例而問者大夫衆子爲妻皆大功今令適子爲妻期故發問也云父之所不降子亦不敢降也者大功章有適婦注云適子之妻是父不降適婦也云子亦不敢降降者謂不敢降至大功與庶子同也云何以不杖也者既不降怪不杖故發問也父在爲妻不杖者父爲適子之婦爲喪主故適子不敢伸而杖也服問云君所主夫人妻大子適婦是大夫爲適婦爲喪主也故子不杖也若然此適子爲妻通貴賤今不云長子適上下而云適子唯據大夫者以五十始爵爲降服之始嫌降適婦其子亦降其妻故明舉大夫不降天子諸侯雖尊不降可知○注大夫至出降○釋曰云大夫不以尊降適婦者重適也者此解經文所不降適子之婦對大夫爲庶子之婦小功是尊降也云凡不降者謂如其親服服之者謂依五服常法服之云降有四品者鄭因傳有降不降之文遂摠解喪服上下降服之義云君大夫以尊降者天子諸侯爲正統之親后夫人與長子長子之妻等不降餘親則絶天子諸侯絶者大夫降一等即大夫爲衆子大功之等是也云公子大夫之子以厭降者此非身自尊受父之厭屈以降無尊之妻下記云公子爲其母練冠麻麻衣縓緣爲其妻縓冠葛絰帶麻衣父卒乃大功是也大夫之子即小功章云大夫之子

爲從父昆弟在小功皆是也云公之昆弟以旁尊降者此亦非己尊旁及昆弟故亦降其諸親即小功章云公之昆弟爲從父母昆弟是也案大功章云公之庶昆弟爲母妻昆弟傳曰先君餘尊之所厭不得過大功若然公之昆弟有兩義既以旁尊又爲餘尊厭也云爲人後者女子子嫁者以出降者謂若下文云爲人後者爲其父母報又下文云女子適人者爲其父母昆弟爲父後者此二者是出也凡大夫之服例在正服後今在昆弟上者以其妻本在杖期直以父爲主故降入不杖章是以進之在昆弟上也

昆弟　昆兄也爲姊妹在室亦如之

（疏）昆弟○注昆兄至如之○釋曰昆弟卑於世叔故次之此亦至親以期斷云昆兄也者昆明也以其次長故以明爲稱弟弟也以其小故以次弟爲名云爲姊妹在室亦如之者義同於上姑在室也

爲衆子　衆子者長子之弟及妾子女子子在室亦如之士謂之衆子未能遠別也大夫則謂之庶子降之爲大功天子國君不服之内則云冢子未食而見必執其右手適子庶子已食而見必循其首

（疏）爲衆子○注衆子至其首○釋曰衆子卑於昆弟故次之注兼云女子子義如上姑姊妹但上注鄭云在室此不云在室可知故畧不言也昆弟衆子及下昆弟之子者皆不發傳者以其同是一體故無異

問姊妹女子子在室不見者亦如上姑不見雷氏云欲見出當及時又大功章見姑姊妹女子子嫁大功明此在室可知故畧之也云士謂之衆子未能遠別也者經不云士鄭云士者喪服平文是士故言士可知也云大夫則謂之庶子降之爲大功者下文大夫之子皆云庶子降一等故大功云天子國君不服之者以其絕旁親故知不服若然經所云唯據士也引內則者案彼云子生三月之末擇日翦髮爲鬌以見於父若冢子生則見於正寢其日大夫妻其食具視朔食天子則大牢諸侯則少牢大夫特牲士特豚冢子未食而見必執其右手咳而名之執右明授之室事退入夫之燕寢乃食下云其非冢子皆降一等云適子庶子已食而見必循其首者不授室事故也而鄭注未食已食急正緩庶之義言冢子猶言長子通於下也彼言適子謂適妻所生第二已下庶子謂妾子也引之者證言庶子見別於適長者也

昆弟之子傳曰何以期也報之也檀弓曰喪服兄弟之子猶子也蓋引而進之

疏昆弟之子○注檀弓至進之○釋曰昆弟子疏於親子故次之世叔父爲之此兩相爲服不言報者引同己子與親子同故不言報是以檀弓爲證言進者進同己子故也

大夫之庶子爲適

昆弟兩言之者適子或爲兄或爲弟疏○大夫至昆弟○注兩言至爲弟○釋曰此大夫之妾子故言庶若適妻所生第二已下當直云昆弟不言庶也云兩言之者以其適妻所生適子或長於妾子或小於妾子故云兩言之適子或爲兄或爲弟是以經昆弟並言之傳曰何以期也父之所不降子亦不敢降也大夫雖尊不敢降其適重之也適子爲庶昆弟庶昆弟相爲亦如大夫爲之疏傳曰至降也○釋曰云父之所不降者即斬章父爲長子是也云子亦不敢降者於此服期是也發何以傳者餘兄弟相爲皆大功獨爲適服期故發問比例之傳也○注大夫至爲之○釋曰云大夫雖尊不敢降其適重之也者釋傳父之所不降云適子爲庶昆弟已下鄭廣明大夫與適子所降者以大夫適子得行大夫禮故父子俱降庶庶又自相降也如大夫爲之皆大功也

適孫疏適孫○釋曰孫卑於昆弟故次之此謂適子死其適孫承重者祖爲之期傳曰何以期也不敢降其適也有適子者無適孫孫婦亦如之周之道適子死則立適孫是適孫將上爲祖後者也長子

在則皆爲庶孫耳孫婦亦如之適婦在亦爲庶孫之婦凡父於將爲後者非長子皆期也

疏

傳曰至如之○釋曰傳云何以問比例者亦爲衆孫大功此獨期故發問也云有適子者無適孫者謂適子在不得立適孫爲後也云孫婦亦如之亦謂不立之故云亦如之也○注周之至期也○釋曰云周之道適子死則立適孫是適孫將上爲祖後者也者此釋祖爲孫服重之義言周之道對殷道則不然以其殷道適子死弟乃當先立故言周之道也云長子在則爲庶孫耳者既適子在不得立孫明同庶孫之例云凡父於將爲後者非長子皆期也者案喪服小記云適婦不爲舅後者則姑爲之小功注云謂夫有廢疾他故若死而無子不受重者小功庶婦之服也凡父母於子舅姑於婦將不傳重於適及將傳重者非適服之皆如衆子庶婦也是以鄭云凡父母於子舅姑於婦非長子皆期明非長子婦及於非適孫傳重同於庶孫大功可知也若然長子爲父斬父亦爲斬適孫承重爲祖斬祖爲之期不報之斬者父子一體本有三年之情故特爲祖斬祖爲孫本非一體但以報期故期不得斬也

爲人後者爲其父母報

疏

爲人後者爲其父母報○釋曰此謂其子後人反來爲父母在者欲其厚於所後薄於本親抑之故次在孫後也若然既

爲本生不降斬至禫杖章者亦是深抑厚於大宗也言報者既深抑之使同本疏往來相報之法故也傳曰何以期也不貳斬也何以不貳斬也持重於大宗者降其小宗也爲人後者孰後後大宗也曷爲後大宗大宗者尊之統也禽獸知母而不知父野人曰父母何算焉都邑之士則知尊禰矣大夫及學士則知尊祖矣諸侯及其大祖天子及其始祖之所自出尊者尊統上卑者尊統下大宗者尊之統也大宗者收族者也不可以絶故族人以支子後大宗也適子不得後大宗都邑之士則知尊禰近政化也大祖始封之君始祖者感神靈而生

若稷契也自由也及始祖之所由出謂祭天也上猶遠也下猶近也收族者謂別親疏序昭穆大傳曰繫之以姓而弗別綴之以食而弗殊雖百世昏姻不通者周道然也

〔疏〕傳曰至大宗○釋曰問者本生父母應斬及三年今乃不杖期故問比例也云不貳斬者荅辭又不貳斬者持重於大宗者降其小宗此解不貳斬之意也此問荅雖兼母專據父故荅以斬而言案喪服小記云別子爲祖繼別爲大宗謂若魯桓公適夫人文姜生大子名同後爲君次子慶父叔牙季友此三子謂之別子別子者皆以臣道事君無兄弟相宗之法與大子有別又與後世爲始故稱別子也大宗有一小宗有四大宗一者別子之子適者爲諸弟來宗之即謂之大宗自此以下適適相承謂之百世不遷之宗五服之內親者月筭如邦人五服之外皆來宗之爲之齊衰齊衰三月章爲宗子之母妻是也小宗有四者謂大宗之後生者謂別子之弟小記注云別子之世長子兄弟宗之第二已下長者親弟來宗之爲繼禰小宗更一世長者非直親兄弟又從父昆弟亦來宗之爲繼祖小宗更一世長者非直親昆弟從父昆弟又有從祖昆弟來宗之爲繼曾祖小宗更一世長者非直有親昆弟從父昆弟從祖昆弟來宗之又有從曾祖昆弟來宗之爲繼高祖小宗也更一世絕服不復來事以彼自事五服內

繼高祖已下者也四者皆是小宗則家家皆有兄弟相事長者之小宗雖家家盡有小宗仍世事繼高祖已下之小宗也是以上傳云有餘則歸之宗亦謂當家之長爲小宗者也云爲人後者孰後後大宗也者此問小宗大宗二者與何者爲後後後大宗也案何休云小宗無後當絶與此義同也又云後大宗者降其小宗此則繼爲人後爲父母父母尚降明餘皆降也故大功章云爲人後者爲其昆弟是降小宗之類也云曷爲後大宗大宗者尊之統者此問必後大宗何意也明宗子尊統領是以書傳云宗子燕族人於堂宗婦燕族人於房序之以昭穆既有族食族燕齒序族人之事是以須後不可絶也故云尊之統也云禽獸已下者因上尊宗子遂廣申尊祖宗子之事也云禽獸知母不知父者爾雅云兩足而羽謂之禽四足而毛謂之獸彼對文而言之也若散文言之獸亦名禽禽獸所生唯知隨母不知隨父是知母不知父云野人曰父母何筭焉者野人謂若論語鄭注云野人粗畧與都邑之士相對亦謂國外爲野人野人稍遠政化都邑之士爲近政化周禮云野自六尺之類者不知分别父母尊卑也云都邑之士則知尊禰者士下對野人上對大夫則此士所謂在朝之士幷在城郭士民知義禮者揔謂之爲士也云大夫及學士則知尊祖者此學謂鄉庠序及國之大學小學之學士

文王之世子亦云學士雖未有官爵以其胄知四術閑知六藝知祖義父仁之禮故敬父遂尊祖得與其大夫之貴同也諸侯及其大祖天子及其始祖皆是爵尊者其德所及遠之義也云大宗收族已下謂論○大宗立後之意也云適子不得後大宗者以其自當主家事幷承重祭祀之事故也○注都邑至道然也○釋曰都邑之士者對天子諸侯曰國采地大夫曰都邑故周禮載師有家邑小都大都春秋左氏諸侯下大夫采地亦云邑曰築都曰城散文天子已下皆名都邑都邑之內者其民近政化若然天子諸侯施政化民無以遠近爲異但近者易化遠者難感故民近政化者識深則知尊父遠政化者識淺不知父母有尊卑之別也大祖始封之君者案周禮典命云三公八命卿六命大夫四命其爵皆加一等加一等者八命爲上公九命爲牧八命爲侯伯七命爲子男五命此皆爲大祖後世不毁其廟若魯之周公齊之大公衞之康叔鄭之桓公之類皆是大祖者也云始祖感神靈而生若后稷契也自由也及始祖所由出謂祭天者謂祭所感帝還以始祖配之案大傳云王者禘其祖之所自出以其祖配之是后稷感東方青帝靈威仰所生契感北方黑帝汁光紀所生易緯云三王之郊一用夏正郊特牲云兆日於南郊就陽位則王者建寅之月祀所感帝於南郊還以感生祖配祭周

以后稷殷以契配之故鄭云謂祖配祭天也又鄭注大傳云王者之先祖皆感大微五帝之精以生則不止后稷與契而已但后稷感青帝所生即生民詩云履帝武敏歆據鄭義帝嚳後世妃姜原履青帝大人跡而生后稷殷之先毋有娀氏之女簡狄吞燕卵而生契此二者文著故鄭據而言之其實帝王皆有所感而生也云上猶遠也下猶近者天子始祖諸侯及大祖並於親廟外祭之是尊統遠大夫三廟適士二廟中下士一廟是卑者尊統近也若然此論大宗子而言天子諸侯大夫士之等者欲見大宗子統領百世而不遷又上祭別祖。子。大祖而不易亦是尊統遠小宗子唯統五服之內是尊統近故傳言尊統遠近而云大宗者尊之統也又云大宗者收族是大宗統遠之事也引大傳者案彼稱姓謂正姓若殷子姓周姬之類綴之以食者以食禮相連綴使不相疏若宗子與族人行族食燕者也云百世婚姻不通周道然者對殷道則不然謂殷家不繫之以正姓但五世絕服以後庶姓別於上而戚單於下。下婚姻通也引之者證周之大宗子統領族人序以昭穆百世不亂之事也

女子子適人者爲其父母昆弟之爲父後者

疏 女子子至父後者。○釋曰女子子卑於男子故次男子後

傳曰

爲父何以期也婦人不貳斬也婦人不貳斬者何也婦人有三從之義無專用之道故未嫁從父既嫁從夫夫死從子故父者子之天也夫者妻之天也婦人不貳斬者猶曰不貳天也婦人不能貳尊也爲昆弟之爲父後者何以亦期也婦人雖在外必有歸宗曰小宗故服期也從者從其教令歸宗者父雖卒猶自歸宗其爲父後持重者不自絕於其族類也曰小宗者言是乃小宗也小宗明非一也小宗有四丈夫婦人之爲小宗各如其親之服辟大宗〔疏〕傳曰至服期也○釋曰經兼言父母傳特問父不問母者家無二尊故父在爲母期今出嫁仍期但不杖禫而已未多懸絕故不問女子子在室斬衰三年今出嫁與母同在不杖麻屨懸絕故問云爲父何以期也婦人不貳斬也荅辭云婦人不貳斬者何更問不

貳斬之意也云婦人有三從之義已下荅辭前斬章云爲人後不云丈夫不貳斬至此女子子云婦人不貳斬者則丈夫容有貳斬故有爲長子皆斬又喪服四制云門内之治恩揜義門外之治義斷恩至於君父別時而喪仍得爲父申斬則丈夫有二斬至於女子子在家爲父出嫁爲夫唯一無二故特言婦人是異於男子故也若然案雜記云與諸侯爲兄弟者服斬是婦人爲夫并爲君得二斬者然則此婦人不貳斬者在家爲父斬出嫁爲夫斬爲父期此其常事彼爲君不可以輕服服君非常之事不得決此也言婦人有三從之義者欲言不貳斬之意婦人從人所從即爲之斬若然夫死從子不爲子斬者子爲母齊衰母爲子不得過齊衰故亦不斬也云婦人不能二尊者欲見不貳斬之義云曰小宗故服期者欲見大宗子百世不遷婦人所歸雖不歸大宗宗内丈大婦人爲之齊衰三月小宗宗内兄弟父之適長者爲之婦人之所歸宗者歸此小宗遂之期與大宗別傳恐人疑爲大宗故辨之曰小宗故服期也○注從者至大宗○釋曰歸宗者父雖卒猶自歸宗知義然者若父母在嫁女自當歸寧父母何須歸宗子傳言婦人雖在外必歸宗明是據父母卒者故鄭據父母卒而言若然天子諸侯夫人父母卒不得歸宗以其人君絶宗故許穆夫人衞侯之女父死不得歸賦載馳詩是

也云小宗者言是乃小宗也者鄭解傳意言曰小宗者傳重
釋歸宗是乃小宗也云明非一者欲見家家皆有也云小宗
有四者已於上釋云丈夫婦人爲小宗各如其親之服者謂
各如五服尊卑服之無所加減云避大宗者大宗則齊衰三
月云丈夫婦人五服外皆齊衰三月五服内月筭如
邦人亦皆齊衰無大功小功緦麻故云避大宗也

儀禮疏卷第三十

奉新盧氏宣旬校字

大清嘉慶二十年重刊
用文選樓藏本校

江西督糧道王賡言廣豐縣知縣阿應鱗栞

儀禮注疏卷三十挍勘記　阮元撰盧宣旬摘錄

疏衰裳齊　三年者　唐石經每章皆跳行

以輕於斬　陳閩俱作輕於斬衰章

麤衰者　陳閩俱脱麤字

爲君三升半麤衰　陳閩俱無衰字

云冠布纓者案斬衰　下七字陳閩俱脱

疏取用草之義　陳閩俱無疏字

若然注云疏　五字陳閩俱脱

直釋經疏衰而已不釋疏屨之疏　通解同毛本經作経　陳閩俱脱疏衰而已不釋六字

傳曰齊者何

此枲對上章苴此陳閩俱作以

屨蒯席屨陳閩通解要義俱作履○按玉藻作屨

始見人功沽麤之義始陳閩俱作姑

父卒則爲母

若前遭父服未闋服要義作喪通解喪服二字並有

女年二十三將嫁要義同通解年作是毛本通解將作而○按而字是

爲母乃申三年之驗是三也要義同毛本通解無是字

全不得思此義要義無思字

妄解則文誽義多塗通解無義字按此八字當四字爲一句妄解則文者謂妄解經文則

字之義也黄氏删義字則七字作一句讀恐非

傳曰繼母何以如母

卽是片合之義片通解要義俱作片下節疏同毛本作牉魏氏曰片合下經云牉合音半反

傳曰慈母者何也○如母死則喪之三年如閩葛通解俱作如慈按傳文兩言如母疏俱屬下讀於文義未順宜俱屬上讀謂生養死喪皆如母也如此則通解以如爲慈之誤不辨自明

此主謂大夫士之妾妾子之無母父命爲母子者其使養之不命爲母子則亦服庶母慈已之服可也徐本通典集釋通解要義敖氏俱如此與疏合毛本脫二十字衍一也字楊氏與毛本同○通典通解敖氏已下俱有者字

父在爲母大功浦鏜云爲母疏作爲其母下句同

則不得立後而養他要義同毛本通解他下有子字

一非骨血之屬　陳本要義同毛本通解敖氏血俱作肉

故知主謂大夫士之妾　謂閩本作爲

母爲長子

然者　陳閩通解俱作而母爲長子不問夫之在否皆三年者按此蓋黃氏臆改

疏衰裳齊

故須重列七服者也　七陳閩俱作士

傳曰問者曰

見斬衰有二　徐本集釋通解要義同毛本無見字二作三

正服大功衰八升　八陳閩俱作七

皆與既葬衰升數同　通解要義同毛本無皆字

緦麻十五升抽其半七升半　陳閩俱無七升半三字

見斬衰有二　要義同毛本二作三

又爲袪　袪陳閩俱作袂○按陳本非也檀弓上注作袪

士中衣不用布　陳閩通解要義同毛本無不字○按不字疑衍文

若從經古文者注内疊出今文　陳閩俱無下七字閩本從作然

傳曰何以期也屈也

故父雖爲妻期而除　陳閩俱無而除二字

妻傳曰

怪妻義合亦期　怪妻陳閩通解俱作妻惟

故發此之傳也　此下陳閩俱有何以二字通解有何以二字無此字

父在子爲妻以杖即位可是也要義同毛本是作知○按作是是也喪服小記作父在庶子爲妻此脱庶字

出妻之子爲母

此謂母犯七出去去要義作出

子從而爲服者也陳閩俱無爲字通解爲下有之字

子無出母之義陳閩通解俱無子字

傳曰出妻之子爲母朞

傳意似言出妻似陳閩俱作是

不合爲出母服意陳閩俱無爲字

已有傳云正體於上於陳閩俱作與

況有故可得祭乎 要義同毛本通解故作服按故字是

父卒繼母嫁

暫時之與父片合 要義同毛本通解無之字毛本片作牉要義通解俱作片

無降殺之差 差陳閩通解俱作義

從而爲服 陳本通解要義同毛本服作報

不杖麻屨者

彼亦是異於上 彼陳閩俱作從

不衰四升冠七升 七陳閩俱作十

傳曰何以期也

祖爲孫止大功 止陳閩俱作正

傳曰世父叔父

爲姑姊妹在室 徐本集釋俱有姊妹二字與疏合毛本無盧文弨校疏云姊妹二字衍宋本注中已誤金曰追云鄭於下昆弟節注云爲姊妹亦如之疏云義同於上章姑在室也則此之誤衍明矣○許宗彥云姑姊妹連文或姑姊或姑妹通稱姑姊妹左傳以公之姑姊妻之是也應是注脫二字非疏衍也

故加期也 陳閩俱無加字

以世叔父與二尊爲體 要義無父字

與世叔父爲一體也 陳閩俱無父字

故以夫妻一體也 要義同毛本以作云

是夫婦半合 要義同毛本半作牉下同

不成爲人人之子之法也 要義毛本不重人字陳閩通解敖氏人下俱無之字

如爲齊衰齊衰三月章　齊衰二字陳閩俱不重

傳曰何以期也

女子子嫁者以出降　嫁上通典有許字

昆弟

爲姊妹在室　爲下通典有姑字

弟弟也　下弟字要義作弟下同毛本作第通解此作弟下作第按說文無第字古者兄弟之弟與次弟之弟同字後人不達六書之恉妄爲分別遂改此文

爲衆子

女子子在室　徐本集釋敖氏同通解楊氏毛本俱不重子字盧文弨云在室二字疏無

注兼云女子之義　按之疑子字之誤

喪服平文是士　要義同毛本平作本

故知不服　陳閩俱無知字

釋曰翦髮爲鬌　陳閩毛本俱誤釋日爲釋曰要義作日下其日同毛本鬌作鬌要義作鬌與内則合

昆弟之子

是以檀弓爲證　按要義此下有滕伯文爲孟虎齊衰云云載檀弓一條要義葢本諸此當附注篇末或別記於上方抄本誤與疏文相連耳

傳曰何以期也不敢降其適也○孫婦亦如之　之不經補缺誤作適

則爲庶孫耳者　要義同毛本則下有皆字按各本注俱有皆字

故期不得斬也　陳閩通解俱無期字

爲人後者爲其父母報

反來爲父母在者 按在下疑脫此字

傳曰何以期也○持重於大宗者 毛本持作特唐石經徐陳通典集釋通解要義楊氏敖氏俱作持與單疏述傳合○適子不得後大宗 毛本子作人唐石經徐陳閩通典集釋通解要義楊氏敖氏俱作子

感神靈而生 張氏曰監本感作咸從監本

繫之以姓而弗別 繫徐本通解要義俱作繼通典集釋敖氏俱作繫

持重於大宗者 陳本要義同毛本持作特

非直親兄弟又從父昆弟 直下陳閩通解俱有有字下同

不復來事 通解要義同毛本復作服

明宗子尊統領　要義同毛本通解領下有族人二字

遂廣申尊祖宗子之事也　祖下陳閩通解俱有以及二字

文王之世子　之字衍

閑知六藝　閩通解要義同毛本知作之

謂論大宗立後之意也　謂論二字要義倒按論謂疑當作論爲

亦云邑曰築　要義作亦曰邑邑曰築

八命爲上公九命爲牧八命爲侯伯七命爲子男五命　要義同毛本作三公爲上公九命卿爲牧爲侯伯七命大夫爲子男五命

帝嚳後世妃姜原　毛本原作嫄

履青帝大人跡而生后稷　陳閩同毛本履作屨

又上祭別祖子大祖而不易陳本要義同毛本子作於按當云又上祭別子爲太祖而不易

謂殷家不繫之以正姓陳閩俱無殷字

下婚姻通也陳閩俱無下字

傳曰爲父何以期也○婦人不能貳尊也毛本貳作二唐石經徐本通典集釋通解要義楊氏敖氏俱作貳按疏作二恐亦是後人所改

其爲父後持重者持徐本要義俱作特通典集釋俱作持毛本通解作服

各如其親之服通典服下有服之二字

與母同在不杖麻屨要義同毛本屨作屨

遂之期要義同毛本通解遂下有爲字

儀禮注疏卷三十挍勘記終

奉新余成教挍

儀禮疏卷第三十一

唐朝散大夫行大學博士弘文館學士臣賈公彥等撰

繼父同居者疏繼父同居者○釋曰繼父本非骨肉故次在女子子之下案郊特牲云夫死不嫁終身不改詩恭姜自誓不許再歸此得有婦人將子嫁而有繼父者彼不嫁者自是貞女守志而有嫁者雖不如不嫁聖人許之故齊衰三年章有繼母此又有繼父之文也傳曰何以期也傳曰夫死妻穉子幼子無大功之親與之適人而所適者亦無大功之親所適者以其貨財爲之築宮廟歲時使之祀焉妻不敢與焉若是則繼父之道也同居則服齊衰期異居則服齊衰三月必嘗同居然後爲異居未嘗同居

則不爲異居妻穉謂年未滿五十子幼謂年十五已下子無大功之親謂同財者也爲之築宮廟於家門之外神不歆非族妻不敢與焉恩雖至親族已絕矣夫不可二此以恩服爾未嘗同居則不服之

〔疏〕傳曰至異居○釋曰何以期也者以本非骨肉故致問也傳曰已下並是引舊傳爲問荅自此至齊衰朞謂子家無大功之內親繼父家亦無大功之內親繼父以財貨爲此子築宮廟使此子四時祭祀不絕三者皆具即爲同居子爲之朞以繼父恩深故也言妻不言母者已適他族與己絕故言妻欲見與他爲妻不合祭己之父故也云異居則服齊衰三月必嘗同居然後爲異居者此一節論異居繼父言異者昔同今異謂上三者若闕一事則爲異居假令前三者仍是具後或繼父有子即是繼父有大功之內親亦爲異居矣如此父死爲之齊衰三月入下文齊衰三月章繼父是也云必嘗同居然後爲異居者欲見前時三者具爲同居後三者一事闕即爲異居之意云未嘗同居則不爲異居謂子初與母往繼父家時或繼父有大功內親或已有大功內親或繼父不爲已築宮廟三者一事闕雖同在繼父家亦名不同居繼父全不服之矣○注妻穉至服之○釋曰鄭知妻穉謂年未滿五十者案內則妾年五十閉房不復御何得更嫁故未滿五十也云子

幼謂年十五已下者案論語云可以託六尺之孤鄭亦云十五已下知者見周禮鄉大夫職云國中自七尺以及六十野自六尺以及六十有五皆征之七尺謂年二十六尺謂年十五五十五則受征役何得隨母則知子幼十五已下言已下則不通十五以其十五受征明據十四至年一歲已上也云大功之親謂同財者下記云小功已下爲兄弟則小功已下疏故得兄弟之稱則大功之親容同財共活可知云爲之築宮廟於家門之外者以其中門外有己宗廟則知此在大門外築之也必在大門外築之者神不歆非族故也若在門內於鬼神爲非族恐不歆之是以大門外爲之隨母嫁得有廟者非必正廟但是鬼神所居曰廟若祭法云庶人祭於寢也神不歆非族大戴禮文云夫不可二者據傳云妻明據繼父而言以其與繼父爲妻不可更於前夫爲妻而祭故云夫不可二也云此以恩服爾者并解爲繼父期與三月云未嘗同居則不服之者以其同居與異居有服明未嘗同居不服可知

爲夫之君傳曰何以期也從服也

疏 爲夫之君傳曰至從服也○釋曰此以從服故次繼父下但臣之妻皆稟命於君之夫人不從服小君者欲明夫人命亦由君來故臣妻於夫人無服也不直言夫之君而言爲者以夫之君而言

爲者以夫之君從服輕故特言爲夫之君也傳曰何以期者問比例者怪人疏而同親者故發問云從服也以夫爲君斬故妻從服期也

姑姊妹女子子適人無主者姑姊妹報

疏姑姊妹至姊妹報○釋曰此等親出適已降在大功雖矜之服期不絕於夫氏故次義服之下女子子間在上不言報者女子子出適大功反爲父母自然猶期不須言報故不言報也姑對姪姊妹對兄弟出適反爲姪與兄弟大功姪與兄弟爲之降至大功今還相爲期故須言報也

傳曰無主者謂其無祭主者也何以期也爲其無祭主故也

無主後者人之所哀憐不忍降之

疏傳曰至主者也○釋曰云無主者謂其無祭主者無主有二謂喪主祭主傳不言喪主者喪有無後無無主者若當家無喪主或取五服之内親又無五服親則取東西家若無則里尹主之今無主者謂無祭主也故可哀憐而不降也○注無主至降之○釋曰云人之所哀憐者謂行路之人見此無夫復無子而不嫁猶生哀愍況姪與兄弟及父母故不忍降之也若然除此之外餘人爲之服者仍依出降之服而不服加以其餘人恩疏故也不言嫁而云

適人者若言適人即謂士也若言嫁之嫁之乃嫁於大夫於本親又以尊降不得言報故云適人不言嫁

爲君之父母妻長子祖父母

疏 爲君之父母妻長子祖父母○釋曰此亦從服輕於夫之君及姑姊妹女子子無主故次之言爲者亦如爲夫之君也

傳曰何以期也從服也父母長子君服斬妻則小君也父卒然後爲祖後者服斬

此爲君矣而有父若祖之喪者謂始封之君也若是繼體則其父若祖有廢疾不立父卒者父爲君之孫宜嗣位而早卒今君受國於曾祖

疏 傳曰至者服斬○釋曰云父母長子君服斬者欲見臣從君服期若然君之母當在齊衰與君父同在斬者以母亦有三年之服故并言之云妻則小君也者欲見臣爲小君期是常非從服之例云父卒然後爲祖後者服斬者傳解經臣爲君之祖父母服期若君在則爲君祖父母從服期○注此爲至尊祖○釋曰云此爲君矣而有父若祖之喪者謂始封之君也者若周禮典命三公八命其卿六命大夫四命出封皆加一等是五等諸侯爲始封之君非繼體容有祖父不爲君而死君爲之斬臣亦從服期也云

若是繼體則其父若祖有癈疾不立者此祖與父合立爲癈疾不立已當立是受國於曾祖若然此二者自是不立今君立不關父祖又云父卒者父爲君之孫宜嗣位而早卒今君受國於曾祖者此解傳之父卒耳鄭意以父祖有癈疾必以今君受國於曾祖不取受國於祖者若今君受國於祖則羣臣爲之斬何得從服期故鄭以新君受國於曾祖若然曾祖爲君羣臣自當服斬若君之祖薨君爲之服斬臣從服期也若然父卒者父爲君之孫宜嗣位而早卒則君之祖亦是癈疾或早死不立是以君之父受國於祖復早卒今君乃受國於曾祖也趙商問已爲諸侯父有癈疾不任國政不任喪事而爲其祖服制度之宜年月之斷云何荅云父卒爲祖後者三年斬何疑趙商又問父卒爲祖後者三年已聞命矣所問者父在爲祖如何欲言三年則父在欲言期復無主斬杖之宜主喪之制未知所定荅曰天子諸侯之喪皆斬衰無期彼志與此注相兼乃具也

妾爲女君疏妾爲女君○釋曰妾事女君使與臣事君同故次之也以其妻既與夫體敵妾不得體夫故名妾妾接也接事適妻故妾稱適妻爲女君也

傳曰何以期也妾之事女君與婦之事舅姑等女君君適妻也

女君於妾無服報之則重降之則嫌疏傳曰至姑等○釋曰傳意謂妾或是妻之姪娣同事一人忽爲之重服故發問也荅曰妾之事女君與婦之事舅姑等者婦之事舅姑亦期故云等但並后匹適傾覆之階故抑之雖或姪娣使如子之妻與婦事舅姑同也○注女君至則嫌○釋曰云女君於妾無服者諸經傳無女君服妾之文故云無服必無服者鄭解其不服之意是以云報之則重還報以期無尊卑降殺大重也云降之則嫌者若降之大功小功則似舅姑爲適婦庶婦之嫌故使女君爲妾無服也

婦爲舅姑

疏婦爲舅姑○釋曰文在此者既欲抑妾事女君使如事舅姑故婦事舅姑在下欲使妾情先於婦故婦文在後也

傳曰何以期也從服也

疏傳曰至從服也○釋曰問之者本是路人與子判合則爲重服服夫之父母故問也云從服也者荅辭既得體其子爲親故重服爲其舅姑也

夫之昆弟之子男女皆是

疏夫之昆弟之子○注男女皆是○釋曰檀弓云兄弟之子猶子也蓋引而進之進同已子故二母爲之亦如已子服期也云男女皆是者據女在室與出嫁與二母相爲服同期與大功故子中兼男女但以義服情輕同婦事舅姑故次在下也 傳

曰何以期也報之也〔疏〕傳曰何以期也報之也○釋曰報之者二母與子本是路人爲配二父而有母名爲之服期故二母報子還服期若然上世叔之下不言報至此言之者二父本是父之一體又引同已子不得言報至此本疏故言報也

公妾大夫之妾爲其子〔疏〕公妾大夫之妾爲其子○釋曰二妾爲其子應降而不降重出此文故次之

傳曰何以期也妾不得體君爲其子得遂也此言二妾不得從於女君尊降其子也女君與君一體唯爲長子三年其餘以尊降之與妾子同也〔疏〕傳曰至遂也○釋曰傳嫌二妾承尊應降今不降故發問若云妾不得體君爲其子得遂也者諸侯絕旁期爲衆子無服大夫降一等爲衆子大功其妻體君皆從夫而降之至於二妾賤皆不得體君君不厭妾故自爲其子得伸遂而服期也○注此言至同也○釋曰云唯爲長子三年更云其餘謂已所生第二已下以尊降與妾子同諸侯夫人無服大夫妻爲之大功也

女子子爲祖父母〔疏〕女子子爲祖父母○釋曰章首已言爲祖父母兼男女彼女據成人之女此言女子子謂十五許嫁

者亦以重出其文故次在此也

傳曰：何以期也？不敢降其祖也。經似在室，傳似已嫁，明雖有出道猶不降。

疏 傳曰至祖也○釋曰：祖父母正期也。已嫁之女可降旁親，祖父母正期，故不降也，故云「不敢降其祖也」。○注「經似」至「不降」○釋曰：知經似在室者，以其直云「女子子」，無嫁文，故云似在室。云「傳似已嫁」者，以其言「不敢」，則有敢者，敢謂出嫁降旁親，是已嫁之文。此言「不敢」，是雖嫁而不敢降祖，故云傳似已嫁也。經、傳互言之，欲見在室、出嫁同不降，故鄭云「明雖有出道猶不降」也。云「出道」者，女子子雖十五許嫁，始行納采、問名、納吉、納徵四禮，即著笄爲成人，得降旁親，要至二十乃行請期、親迎之禮。以其笄而未出，故云「明雖有出道猶不降」。不直言出而言道者，實未出，故云出道，猶如鄭注論語云「雖不得祿，亦得祿之道」，是亦未得祿而云之道，亦此類也。

大夫之子爲世父母、叔父母、子、昆弟、昆弟之子、姑姊妹、女子子。無主者，爲大夫命婦者，唯子不報。

傳曰：大夫者，其男子之爲大夫者也。命婦者

其婦人之爲大夫妻者也無主者命婦之無
祭主者也何以言唯子不報也女子子適人
者爲其父母期故言不報也言其餘皆報也
何以期也父之所不降子亦不敢降也大夫
曷爲不降命婦也夫尊於朝妻貴於室矣命者
加爵服之名自士至上公凡九等君命其夫則后夫人亦命
其妻矣此所爲者凡六命夫六命婦無主者命婦之無祭主
謂姑姊妹女子子也其有祭主者如衆人唯子不報男女同
不報爾傳以爲主謂女子子似失之矣大夫曷爲下降命婦
據大夫於姑姊妹女子子既以出降其適士者又以尊
降在小功也夫尊於朝與已同妻貴於室從夫爵也【疏】
大夫之子至於室矣○釋曰此言大夫之子爲此六大夫六
命婦服期不降之事其中雖有子女重出其文其餘並是應
降而不降故次在女子子爲祖下但大夫尊降旁親一等此男
女皆合降至大功爲作大夫與已尊同故不降還服期若姑

姊妹女子子若出嫁大功適士又降至小功今嫁大夫雖降至大功爲無祭主者無祭主哀憐之不忍降還服期也傳云無主者命婦之無祭主者也者鄭兼言命婦欲見旣爲命婦不降又無祭主更不降服期之意也傳云何以言唯子不報也鄭云子中兼男女傳唯據女子子鄭不從也云何以期也父之所不降子亦不敢降也者欲見此經云大夫之子得行大夫禮降與不降一與父同故傳據父爲大夫爲本以子亦之也云大夫曷爲不降命婦也已下欲見大夫是尊同大夫妻是婦人非尊同亦不降者傳解妻亦與夫同尊卑之意是以云夫尊於朝妻貴於室以其大夫以上貴士以下賤此中無士與士妻故以貴言之也○注命者至夫爵也○釋曰云命者加爵服之名者見公羊傳云錫者何賜也命者何加我服也又案覲禮諸公奉篋服加命書於其上以命侯氏是命者加爵之名也云自士至上公凡九等者不據爵皆據命而言故大宗伯云以九儀之命正邦國之位壹命受爵再命受服三命受位四命受器五命賜則六命賜官七命賜國八命作牧九命作伯伯則分陝上公者是九等者也以其與命上公九命侯伯七命子男五命大國孤四命公侯伯卿三命大夫再命士一命子男卿二命大夫一命士不命天子三公八命其卿六命大夫四命上士三命中士二命下士一命此經雖無士

鄭總解天子諸侯命臣后夫人命妻之事故兼言士也云君命其夫夫者君中揔天子諸侯云后夫人亦命其妻矣者案禮記云夫人不命於天子自魯昭公始也由昭公娶同姓不告天子天子亦不命明臣妻皆得后夫人命也鄭言此者經云命夫命婦不辨天子諸侯之臣則天子諸侯下但是大夫大夫妻皆是命夫命婦也云此所爲者凡六大夫六命婦者六命大夫謂世父一也叔父二也子三也昆四也弟五也昆弟之子六也六命婦者世母一也叔母二也姑三也姊四也妹五也女子子六也云無主者命婦之無祭主謂姑姊妹女子子也鄭言此者經六命婦中有世母叔母故鄭辨之以其世母叔母無主有主皆爲之期故知唯據此四人而言也云其有祭主者如衆人者自爲大功矣云唯子不報男女同不報爾者以其男女俱爲父母三年父母唯爲長子斬其餘降何得言報故知子中兼男女是知傳唯據女子子失之矣云大夫曷爲不降命婦者據大夫於姑姊妹女子子既以出降其適士者又以尊降在小功也者此亦六命婦中有二母故鄭辨之也云夫尊於朝已下鄭亦解姑姊妹女子子之夫貴與已同之義若然案曲禮云四十強而仕五十艾服官政爲大夫何得大夫子又爲大夫又何得爲弟之子爲大夫者五十命爲大夫自是常法大夫之子有德行茂盛者豈待五十乃命

之乎是以殤小功有大夫爲其昆弟之長殤大夫旣爲兄弟殤明是幼爲大夫舉此一隅不得以常法相難也

大夫爲祖父母適孫爲士者疏大夫至爲士者○釋曰祖與孫爲士卑故次在此也

傳曰何以期也大夫不敢降其祖與適也不敢降其祖與適則可降其旁親也疏注不敢至親也○釋曰大夫以尊降其旁親雖有差約不顯著故於此更明之經云不降祖與適明於餘親降可知大夫降旁親明矣

公妾以及士妾爲其父母疏公妾至父母○釋曰以出嫁爲其父母亦重出其文故次在此云公謂五等諸侯皆有八妾士謂一妻一妾中閒猶有孤猶有卿大夫妻不言之者舉其極尊卑其中有妾爲父母可知

傳曰何以期也妾不得體君得爲其父母遂也然則女君有以尊降其父母者與春秋之義雖爲天王后猶曰吾季姜是言子尊不加於父母此傳似誤矣禮妾從女君而服其黨服是嫌不自服其父母故以明之疏傳曰至遂也○釋曰傳曰何以期也問者以公子爲君厭爲己母不

在五服又爲已母黨無服公妾既不得體君君不厭故妾爲父母得伸遂而服期也○注然則至明之○釋曰鄭欲破傳義故據傳云妾不得體君得爲其父母遂也然則女君體君者有以尊降其父母者與言與猶不正執之辭也云春秋之義者案桓九年左傳云紀季姜歸于京師杜云季姜桓王后也季字姜紀姓也書字者伸父母之尊是王后猶不待降父母是子尊不加父母傳何云妾不得體君乎豈可女君降其父母是以云傳似誤矣言似亦是不正執故云似其實誤也云禮妾從女君而服其黨服者雜記文也云是嫌不自服其父母故以明之者鄭既以鄭爲誤故自解之鄭必不從傳者一則以女君不可降父母二則經文兼有卿大夫士何得專據公子以決父母乎是以傳爲誤也

疏衰裳齊牡麻絰無受者無受者服是服而除不以輕服受之不著月數者天子諸侯葬異月也小記曰齊衰三月與大功同者繩屨

（疏）疏衰至受者○釋曰此齊衰三月章以其義服日月又少故在不杖章下上皆言冠帶此及下傳大功皆不言冠帶者以其輕故畧之至正大功言冠見其正猶不言帶緦麻又直言緦麻餘又畧之若然禮記云齊衰居堊室者據期故譙周亦云齊衰三月不居堊室○注無受至繩屨○釋曰云無受者服是服

而除不以輕服受之者凡變除皆因葬練祥乃行但此服至葬即除無變服之理故云服是服而除若大功已上至葬後以輕服受之若斬衰三升冠六升葬後受衰六升是更以輕服受之也云不著月數者天子諸侯葬異月也者大夫士三月葬此章皆三月葬後除之故以三月爲主三月者法一時天氣變可以除之但此經中有寄公爲所寓又有舊君舊君中兼天子諸侯又有庶人爲國君鄭云天子畿內之民服天子亦如之也但天子七月葬諸侯五月葬爲之齊衰者皆三月藏其服至葬更服之葬後乃除是以不得言少以包多亦不得言多以包少是以不著月數者天子諸侯葬異月故也云小記者彼記人見此喪服齊衰三月與大功皆不言屨故解此二章同繩屨是以鄭還引之證此章著繩屨也

寄公爲所寓寓亦寄也爲所寄之國君服

疏寄公爲所寓○注寓亦至君服○釋曰此章論義服故以踈者爲首故寄公在前言寓亦寄者詩式微云黎侯寓於衛寓即寄其義同故云寓亦寄也作文之勢不可重言寄公爲所寄故云寓也

傳曰寄公者何也失地之君也何以爲所寓服齊衰三月也言與民同也諸侯五月而葬

而服齊衰三月者三月而藏其服至葬又反服之既葬而除之【疏】傳曰至同也○釋曰傳依上例執所不知稱者何問比例者等是諸侯各有國土而寄在他國故發問也失地之君也荅辭也失地君者謂若禮記射義貢士不得其人數有讓數有讓黜爵削地削地盡君則寄在他國詩式微黎侯寓於衞彼爲狄人所迫逐寄在衞黎之臣子勸以歸是失地之君爲衞侯服齊衰三月藏其服至葬更服葬訖乃除也云言與民同也者以客在主國得主君之恩故報主君與民同則民亦服之三月藏其服至葬又反服之既葬訖乃除也○注諸侯至除之○釋曰上以釋變除要待葬後諸侯五月葬而言三月故知三月藏服至葬更服葬後乃除可知不於章首言之欲就三月之下解之故也

丈夫婦人爲宗子宗子之母妻

婦人女子子在室及嫁歸宗者也宗子繼別之後百世不遷所謂大宗也【疏】丈夫至母妻○釋曰此與大宗同宗親如寄公爲所寓故次在此言丈夫婦人者謂同宗男子女子皆爲大宗子并宗子母妻齊衰三月也○注婦人至大宗也○釋曰此經爲宗子謂與大宗別高祖之人皆服三月也案斬章女子子在室及女反在父室者又不杖章中歸宗婦人爲當家小宗親者期爲大宗疏者三月也云宗子繼別

之後者案喪服小記及大傳云繼別爲大宗又云有五世則遷之宗小宗有四是也有百世不遷之宗繼別爲大宗是也云所謂大宗也者即上文大宗者尊之統是也

傳曰何以服齊衰三月也尊祖也尊祖故敬宗敬宗者尊祖之義也宗子之母在則不爲宗子之妻服也

疏傳曰至妻服也

○釋曰傳以丈夫婦人與宗子服絶而越大功小功與曾祖同怪其大重故問比例何以服齊衰三月云尊祖也至之義也荅辭也祖謂別子爲祖百世不遷之祖當祭之日同宗皆來陪位及助祭故云尊祖也云尊祖故敬宗者是百世不遷之宗大宗者尊之統故同宗敬之云敬宗者尊祖之義也者以宗子奉事別子之祖是尊祖之義也宗子之母在則不爲宗子之妻服也者謂宗子父巳卒宗子主其祭王制云八十齊衰之事不與則母七十亦不與今宗子母在未年七十母自與祭母死宗人爲之服宗子母七十巳上則宗子妻得與祭宗人乃爲宗子妻服故云然也必爲宗子母妻服者以宗子燕食族人於堂其母妻亦燕食族人之婦於房皆序以昭穆故族人爲之服也

爲舊君君之

母妻疏爲舊君君之母妻○釋曰舊君舊蒙恩深以對於父今雖退歸田野不忘舊德故亦在宗子之下也但爲舊君有二一則致仕二則待放未去此則致仕者也不云舊臣而云舊君者若云舊臣言謂舊君爲之非喪服體例故云舊君若斬章云父君者則臣子爲之此不復言臣法如君也

傳曰爲舊君者孰謂也仕焉而已者也何以服齊衰三月也言與民同也君之母妻則小君也仕焉而已者謂老若有廢疾而致仕者也爲小君服者恩深於民

疏傳曰至小君也○釋曰云爲舊君者孰謂也者此經上下臣爲舊君有二故發問云孰謂也云仕焉而已者也者荅辭也傳意以下爲舊君是待放之臣以此爲致仕之臣也云何以服齊衰三月者怪其舊服斬衰今服三月也云言與民同也者以本義合且今義已斷故抑之使與民同也云君之母妻則小君也者雖前後不得同時皆是小君故齊衰三月恩深於人故也○注仕焉至於民○釋曰云仕焉而已者謂老若有廢疾而致仕者也者此解仕焉而已有仕已老者曲禮云大夫七十而致仕云有廢疾者謂未七十而有廢疾亦致仕是致仕

之中有二也云爲小君服者恩深於民也者下文庶人爲國君無小君是恩淺此爲小君是恩深於民也

庶人爲國君不言民而言庶人庶人或有在官者天子畿內之民服天子亦如之

疏庶人爲國君○注不言至如之○釋曰案論語云民可使由之不可使知之注云民者冥也其見人道遠案王制云庶人在官者其祿以是爲差也庶人謂府史胥徒經不言民而言庶人庶人或有在官者據在官者而言之檀弓云君之喪諸達官之長杖謂士大夫爲君杖則庶人不爲君杖斬則下同於民三月也云天子畿內之民亦如之者以其畿外上公五百里侯四百里已下其民皆服君三月則畿內千里是專屬天子故如爲天子亦如諸侯之境內也

大夫在外其妻長子爲舊國君在外待放已去者

疏大夫至國君○注在外待放已去者○釋曰此大夫在外不言爲本君服與不服者案雜記云違諸侯之大夫不反服違大夫之諸侯不反服以其尊卑不敵若然其君尊卑敵乃反服舊君服則此大夫已去他國不言服者是其君尊卑不敵不反服者也是以直言其妻長子爲舊國君注云在外待放已去者知是待放已去者對上下文而知以其上傳以爲仕焉而已下傳云而猶未絕此傳云長子言未去

明身是已去他國與本國絶者故鄭云待放已去者也

傳曰何以服齊衰三月也妻言與民同也長子言未去也妻雖從夫而出古者大夫不外娶婦人歸宗往來猶民也春秋傳曰大夫越竟逆女非禮君臣有合離之義長子去可以無服

疏傳曰至未去也○釋曰并服而問者怪其重何者妻本從夫服君今大已絶妻不合服而服之長子本爲君斬者亦大夫之子得行大夫禮從父而服之今父已絶於君亦當不服矣而皆服衰三月故發問也○注妻雖至無服○釋曰云妻雖從夫而出古者大夫不外娶者鄭欲解傳云妻言與民同之意以古者不外娶是當國娶婦婦是當國之女今身與妻俱出他國大夫雖絶而妻歸宗往來猶是本國之民其歸者則期章云爲昆弟之爲父後者曰小宗者是也云春秋者案春秋公羊傳莊二十七年莒慶來逆叔姬傳曰大夫越竟逆女非禮彼云婦此云女鄭以義言之以其未至夫家故云女引之者證古者大夫不外娶之事云君臣有合離之義者謂諫爭從臣是有義則合三諫不從是無義則離子既隨父故去可以無服矣

繼父不同居者嘗同居今不同

疏繼父不同居者○注嘗同居今不同○釋曰此

則期章云必嘗同居然後爲異居者也但章皆有傳唯庶人爲國君及此繼父不傳者以其庶人已於寄公與上下舊君釋訖繼父已於期章釋了是以皆不言也

曾祖父母傳曰何以齊衰三月也小功者兄弟之服也不敢以兄弟之服服至尊也

正言小功者服之數盡於五則高祖宜緦麻曾祖宜小功也據祖期則曾祖宜大功高祖宜小功也高。祖曾。祖皆有小功之差則曾孫玄孫爲之服同也重其衰麻尊尊也減其日月恩殺也

【疏】曾祖父母○釋曰曾高本合小功加至齊衰故次繼父之下此經直云曾祖不言高祖案下緦麻章鄭注云族祖父者亦高祖之孫則高祖有服明矣是以此注亦兼曾高而說也若然此曾祖之內合有高祖可知不言者見其同服故也○傳曰至尊也○釋曰云何以齊衰三月也者問者怪其三月大輕齊衰又重故發問也云小功者兄弟之服也案下記傳云凡小功已下爲兄弟是以云小功者兄弟之服也云不敢以兄弟之服服至尊也者傳釋服齊衰之意也○注正言至恩殺也○釋曰云正言小功者服之數盡於五者自斬至緦是也云則高祖宜緦麻曾祖宜小功也據爲父期而言故三年問云何以

至期也曰至親以期斷是何也曰天地則已易矣四時則已變矣其在天地之中莫不更始焉以是象之也彼又云然則何以三年也曰加隆焉爾也焉使倍之故再期也是本爲父母加隆至三年故以父爲本而上殺下殺也是故言爲高祖緦麻者謂爲父期爲祖宜大功曾祖宜小功高祖宜緦麻又云據祖期是爲父加隆三年爲祖宜期曾祖宜大功高祖宜小功故鄭云高祖曾祖皆有小功之差此鄭揔釋傳云小功者兄弟之服其中含有曾高二祖而言之也又云則曾孫玄孫爲之服同也者曾祖中既兼有高祖是以云曾孫玄孫各爲之齊衰三月也云重其衰麻尊尊也者既不以兄弟之服服至尊故云重其衰麻謂以義服六升衰九升冠尊此尊者也云減其日月恩殺也者謂減五月爲三月者因曾高於已非一體恩殺故也

大夫爲宗子 疏 大夫爲宗子。釋曰大夫尊降旁親皆一等尊祖故敬宗是以大夫雖尊不降宗子爲之三月宗子既不降母妻不降可知

傳曰何以服齊衰三月也大夫不敢降其宗也 疏 傳曰至其宗也。釋曰以大夫於餘親皆降獨不降宗子故并服而問荅云不敢降其宗也者於餘親則降也

舊君 大夫待放未去者

疏 舊君○注大夫待放未去者○釋曰此舊君以重出故次在此也鄭知此舊君是待放未去之大夫者鄭據傳而言也案上下四經皆為舊君不言國庶人為國君言國其妻長子為舊國君言國此舊君又不言國者據繼在土地而為之服正如為舊君止是不敢進同臣例故服之三月非為土地故不言國庶人本繼土地故言國也其妻長子本為繼土地故言國此待放未去本為君埽其宗廟為服不繼土地故不言國也

傳曰大夫為舊君何以服齊衰三月也大夫去君埽其宗廟故服齊衰三月也言與民同也何大夫之謂乎言其以道去君而猶未絶也 以道去君為三諫不從待放於郊未絶者言爵祿尚有列於朝出入有詔於國妻子自若民也

疏 傳曰至絶也○釋曰此為舊君服對前已去不服舊君此雖未去已在境而為服故怪其重所以并服而問也又餘皆不并人問直云何以齊衰唯此與寄公并人而問者所怪深重者并人而言至如寄公本是體敵一朝重服故并言寄公此待放之臣已在國境可以不服而服之故并言大夫

也。注以道至若民也。釋曰云以道去君謂三諫不從待放者此以道去君據三諫不從在境待放得環則還得玦則去如此者謂之以道去君若有罪放逐若晉放胥甲父於衛之等爲非道去君云未絕者言爵祿有列於朝出入有詔於國者下曲禮文爵祿有列謂待放大夫舊位乃在出入有詔於國者謂兄弟宗族猶存吉凶之事書信往來相告不絕引之者證大夫去君埽其宗廟詔使宗族祭祀爲此大夫雖去猶爲舊君服若然君不使埽宗廟爵祿已絕則是得玦而去則亦不服矣云妻子自若民也者此鄭還約上大夫在外其妻長子爲舊國君也上下舊君皆不言士者上仕焉者有士可知是以傳亦不言大夫亦云大夫在外言大夫者以其士妻亦歸宗與大夫同其大夫長子父在朝長子得行大夫禮未去爲君服斬若士之長子與衆子同父去子雖未去即無服矣與大夫長子異故特言大夫也此不言士者此主爲待放未絕大夫有此法士雖有三諫不從出國之時案曲禮踰竟素服乘髦馬不蚤鬋不御婦人三月而後即向他國無待放之法是出國即不服舊君矣是以此舊君唯有大夫也若然不言公卿及孤者詩云三事大夫則三公亦號大夫則大夫中揔兼之矣

曾祖父母爲士者如衆人傳曰何以

齊衰三月也大夫不敢降其祖也疏曾祖父母爲士者如衆人○傳曰至其祖也○釋曰問者以大夫尊皆降旁親今怪其服故發問經不言大夫傳爲大夫解之者以其言曾祖爲士者故知對大夫下爲之服明知曾孫是大夫

女子子嫁者未嫁者爲曾祖父母疏女子子至未嫁○釋曰此亦重出故次在男子曾孫下也但未嫁者同於前故曾祖父母今并言者女子子有嫁逆降之理故因已嫁并言未嫁

傳曰嫁者其嫁於大夫者也未嫁者其成人而未嫁者也何以服齊衰三月不敢降其祖也言嫁於大夫者明雖尊猶不降也成人謂年二十已笄醴者也此著不降明有所降疏注言嫁至所降○釋曰云言嫁於大夫者明雖尊猶不降也者以舉尊以見卑欲明適士者以下不降可知也云成人謂年二十已笄醴者也者以其云成人明據二十已笄以醴禮之若十五許嫁亦笄爲成人亦得降與出嫁同但鄭據二十不許嫁者而言之案上章爲祖父母本無降理不須言不敢又女子

子爲祖父母傳亦不敢言降其祖父母傳不言不敢降其祖者至此乃言者謂曾祖輕尙不降況祖父母重者不降可知是舉輕以見重也云此著不降明有所降者案大功章女子子嫁者未嫁者爲世叔父母如此類是有所降也餘者皆不杖

大功布衰裳牡麻絰無受者大功布者其鍛治之功麤沽之

【疏】大功至受者○釋曰章次此者以其本服齊衰斬爲殤死降在大功故在正大功之上義齊衰之下也不云月數者下文有纓絰無纓絰須言七月九月彼已見月故於此畧之且此經與前不同前期章具文於前杖章下不杖章直言其異者此殤大功章首爲文畧於正具文者欲見殤不成人故前畧後具亦見相參取義云無受者以傳云殤文不縟不以輕服受之○注大功至沽之○釋曰云大功布者其鍛治之功麤沽之者斬麤皆不言布與功以其哀痛極未可言布體與人功至此輕可以見之言大功者斬衰章傳云冠六升不加灰則此七升言鍛治可以加灰矣但麤沽而已若然言大功者用功麤大故沽疏其言小者對大功是用功細小

子女子子之長殤中殤殤者男女未冠笄而死可殤者女子子許嫁不爲殤也

【疏】子女子子之長殤中殤○注殤者至殤也

○釋曰子女子子在章首者以其父母於子哀痛情深故在前云殤者男女未冠笄者案禮記喪服小記云男子冠而不爲殤女子笄而不爲殤故知男女未冠笄而死可哀殤者女子子許嫁不爲殤者女子笄與男子冠同明許嫁笄雖未出亦爲成人不爲殤可知兄弟之子亦同此而不別言者以其兄弟之子猶子明同於子故不言且中殤或從上或從下是則殤有三等制服唯有二等者欲使大功下殤有服故也若服亦三等則大功下殤無服故聖人之意然也

傳曰何以大功也未成人也何以無受也喪成人者其文縟喪未成人者其文不縟故殤之經不樛垂蓋未成人也年十九至十六爲長殤十五至十二爲中殤十一至八歲爲下殤不滿八歲以下皆爲無服之殤無服之殤以日易月以日易月之殤殤而無服故子生三

月則父名之死則哭之未名則不哭也縟猶數也其文數者謂變除之節也不樛垂者不絞其帶之垂者雜記曰大功以上散帶以日易月謂生一月者哭之一日也殤而無服者哭之而已爲昆弟之子女子子亦如之凡言子者可以兼男女又云女子子者殊之以子關適庶也

【疏】曰傳至不哭也○釋曰云何以大功也問者以成人皆期今乃大功故發問也云未成人也者荅辭以其未成人故降至大功云何以無受也問者以其成人至葬後皆以輕服受之今喪未成人即無受也故發問也云喪成人者其文縟已下荅辭遂因廣解四等之殤年數之別并哭與不哭具列其文但此殤次成人是以從長以及下與無服之殤又三等殤皆以四年爲差服法四時穀物變易故也又以八歲已上爲有服七歲已下爲無服者案家語本命云男子八月生齒八歲齔齒女子七月生齒七歲齔齒今傳據男子而言故八歲已上爲有服之殤也傳必以三月造名始哭之者以其三月一時天氣變有所識恥人所加憐故據名爲限也云未名則不哭也者不止依以日易月而哭初死亦當有哭而已○注縟猶至庶也○釋曰云其文數者謂變除之節也者成人之喪既葬以輕服受之又變麻服葛緦麻者除之至小祥又以輕服受之

男子除於首婦人除於帶是有變除之數也今於殤人喪象物不成則無此變除之節數月滿則除之又云不樛垂者不絞帶之垂者凡喪至小斂皆服未成服之麻麻絰麻帶大功以上散帶之垂者至成服乃絞之小功以下初而絞之今殤大功亦於小斂服麻散垂至成服後亦散不絞以示未成人故與成人異亦無受之類故傳云蓋不成也○引雜記者證此殤大功有散帶要至成服則與成人異也云以日易月謂生一月者哭之一日也若至七歲歲有十二月則八十四日哭之此既於子女子子下發傳則唯據父母於子不關餘親云殤而無服哭之而已者此鄭揔解無服之殤以日易月哭之事也云昆弟之子女子子亦如之者以其成人同是期與衆子同也今經傳不言者以其亦猶子故也云凡言子者可以兼男女者謂若期章云子又云昆弟之子是子中兼男女也又云女子子者殊之以子關適庶關通也爲子中適有長之適若然成人爲之斬衰三年今殤死與衆子同者以其殤不成人與穀物未熟故同入殤大功也故別言子見斯義也王肅馬融以爲日易月者以哭之日易服之月殤之期親則以旬有三日哭緦麻之親者則以三日爲制若然哭緦麻三月喪與七歲同又此傳承父母子之下而哭緦麻孩子踈失之甚也

叔父之長殤中殤姑

姊妹之長殤中殤昆弟之長殤中殤夫之昆弟之子女子子之長殤中殤適孫之長殤中殤大夫之庶子爲適昆弟之長殤中殤公爲適子之長殤中殤大夫爲適子之長殤中殤公君也諸侯大夫不降適殤者重適也天子亦如之

疏叔父至中殤○釋曰自此盡大夫庶子爲適昆弟之長殤中殤皆是成人齊衰朞長殤中殤殤降一等在功故於此摠見之又皆尊卑爲前後次第作文也云公爲適子大夫爲適子皆是正統成人斬衰今爲殤死不得著代故入大功特言適子者天子諸侯於庶子則絶而無服大夫於庶子降一等故於此不言雖言適子也若然二適在下者皆亦爲重出其文故也○注公君至如之○釋曰云公君也者直言公恐是公士之公及三公與孤皆號公故訓爲君見是五等之君故言諸侯言天子亦如之者以其天子與諸侯同絶宗故也

其長殤皆九月纓絰其中殤七月不纓絰絰有纓者爲其

垂也自大功以上經有纓以一條繩爲之小功已下經無纓也【疏】其長殤至纓絰○注經有至無纓也○釋曰經之有纓所以固經猶如冠之有纓以固冠亦結於頤下也五服之正無七月之服唯此大功中殤有之故禮記云九月七月之喪三時是也云經有纓者爲其重也者以經云九月纓經七月不纓經故知經有纓爲其情重故也自大功已上經有纓此鄭廣解五服有纓無纓之事但諸文唯有冠纓不見經有纓之文鄭檢此經長殤有纓法則知成人大功已上經有纓明矣鄭知一條繩爲之者見斬衰冠繩纓通屈一條繩屈之武垂下爲故知此經之纓亦通屈一條屬之經垂下爲纓可知小功已下經無纓也者亦以此經中殤七月經無纓明小功五月已下經無纓可知

大功布

衰裳牡麻絰纓布帶三月受以小功衰即葛九月者受猶承也傳曰大功布九升小功布十一升此受之下也以發傳者明受盡於此也又受麻經以葛經閒傳曰大功之葛與小功之麻同凡天子諸侯卿大夫既虞士卒哭而受服正言三月者天子諸侯無大功主於大夫士也此雖有君爲姑姉妹女子子嫁於國君者非內喪

也古文依此禮也

疏 大功至月者○注受猶承也○釋曰此成人大功章輕於前殤章既畧於此具言○傳曰至十一升○注此受之至禮也○釋曰云大功布九升小功布十一升者此章有降有正有義降則衰七升冠十升正則衰八升冠亦十升義則衰九升冠十一升小功降則衰十一升者正小功傳以受服不言降大功與正大功直云義大功之受者鄭云此受之下正據受之下發傳者明受盡於此義服大功以其小功至葬惟有變麻服葛因故衰無受服之法故傳據義大功而言也云又受麻經以葛經者言受衰麻俱受而傳唯發衰不言受麻以葛故鄭解之云又受麻以葛經引閒傳者證經大功既葬其麻經受以小功葛者以其大功既葬變麻爲葛五分去一大小與小功初死同即閒傳云大功之葛小功之麻同一也故引之爲證耳云凡天子諸侯卿大夫既虞士卒哭而受服者以於斬章釋訖言此者欲見天子七月而葬諸侯五月而葬虞而受服若然經正三月者則其天子諸侯絶旁朞無此大功喪以此而言經言三月者主於大夫士三月葬者若然大夫除死月數亦得爲三月也云此雖有君爲姑姊妹女子子嫁於國君者非内喪也者彼國自以五月葬後服此諸侯爲之自以三月受服同於大夫士故云主於大夫士也

姑姊妹女子

子適人者【疏】姑姊至人者○釋曰此等並是本朞出降大功故次在此傳曰何以大功也出也出必降之者蓋有受我而厚之者【疏】傳曰至出也○釋曰問之者以本朞今大功故發問也○注出必至之者○釋曰案檀弓云姑姊妹之薄也蓋有受我而厚之者也鄭取以爲說若然女子子出降亦同受我而厚之皆是於彼厚夫自爲之禫杖朞故於此薄爲之大功

從父昆弟世父叔父之子也其姊妹在室亦如之【疏】從父昆弟○注世父至如之○釋曰昆弟親爲之朞此從父昆弟降一等故次姑姊妹之下云其姊妹在室亦如之者義當然也謂之從父昆弟世叔父與祖爲一體又與己父爲一體緣親以致服故云從也降於親兄弟一等是其常故不傳問

爲人後者爲其昆弟【疏】爲人至昆弟○釋曰在此者以其小宗之後大宗欲使厚於大宗之親故抑之在從父昆弟之下傳曰何以大功也爲人後者降其昆弟也【疏】傳曰至昆弟也○釋曰案下記云爲人後者於兄弟降一等者故大功也若然於本宗餘親皆降一等也

庶子男女皆是下殤

小功章曰爲姪庶孫丈夫婦人同【疏】庶孫○注男女至婦人同○釋曰卑於昆弟故次之庶孫從父而服祖朞故祖從子而服孫大功降一等亦是其常故傳亦不問也云男女皆是者女孫在室與男孫同其義然也引殤小功者欲見彼殤既男女同證此成人同不異也

儀禮疏卷第三十一

□臨盧氏宣旬校栞

大清嘉慶二十年刊
用文選樓藏本校

江西督糧道王賡言廣豐縣知縣阿應鱗栞

儀禮注疏卷三十一挍勘記　阮元撰盧宣旬摘録

繼父同居者

而有嫁者　通解要義同毛本而作亦

傳曰何以期也○異居則服齊衰三月　月下唐石經有也字

爲之築宮廟於家門之外　家門之外通典作家之門外

夫不可二　徐陳閩葛通典集釋通解楊氏敖氏同毛本夫作天

假令前三者仍是具　要義同毛本通解仍是作皆

後或繼父有子　通解要義同毛本後上有其字

如此父死爲之齊衰三月　通解要義同毛本如作知

爲夫之君

問比例者陳本要義同毛本比作此

姑姊妹女子子適人無主者

女子子閒在上不言報者陳閩通解要義同毛本閒作問

傳曰無主者

仍依出降之服而不服加不服要義作不復

若言嫁之嫁之乃嫁於大夫要義同毛本通解無之嫁之三字

傳曰何以期也

則其父若祖有廢疾不立徐本通典集釋通解楊氏敖氏同毛本無祖字

父爲君之孫孫上通典有子字

必以今君受國於曾祖以要義作於

不取受國於祖者若今君受國於祖下八字今本俱脫字按通解楊氏此處俱經刪潤尚存下七字要義有但無上六

傳曰何以期也妾之事女君

故云無服必無服者毛本無必無服三字

婦爲舅姑

使如事舅姑故婦事舅姑在下通解同毛本無故婦事舅姑五字

傳曰何以期也

與子判合陳本通解同毛本判作胖

傳曰何以期也

上世叔之下叔下要義有父字

大夫之子徐本集釋俱經傳合爲一節注揔在傳後與標目合通解楊氏俱同毛本○姑姊妹

女子子無主者女子子下通典有適人二字

凡六命夫命通典作大按經傳皆以大夫與命婦對言此命字當依通典作大

爲此六大夫六命婦服期不降之事通解同毛本大字作命字○按大與通典合

壹命受爵毛本壹作一按周禮作壹

經云命夫命婦按經不云命夫此命夫亦當作大夫

但是大夫大夫妻要義同毛本大夫不重出

皆是命夫命婦也要義同毛本無命夫二字○按疏內惟此命夫不誤蓋此乃作疏者解說之詞非述經注也

凡六大夫六命婦者 毛本大作命

六命夫謂世父一也 按上句述注既作大夫則此句命字亦當作大

傳曰大夫者〇女子子適人者 張氏曰經曰女女子適人者爲其父母期按前章云女子子適人者爲其父母此經下女字當作子從前章〇按唐石經正作女子子張氏不引以爲證蓋不見唐石經故也嚴徐鍾本亦皆作女子子

傳以爲主謂女子子 徐本通典集釋通解楊氏同毛本作傳唯據女子子

旣以出降 以徐本通典集釋通解俱作以與疏合毛本作巳毛本降下有大功二字徐本集釋俱無與述注合通典通解俱有通典大上有在字按以下句考之則此句當依通典

妻貴於室 徐本通典集釋通解同毛本妻作婦

故傳據父爲大夫爲家 毛本據下有其字

此中無士與士妻　毛本下士字作主

故知唯據此四人而言也云其有祭主者如衆人者自爲之大功矣下十六字毛本脱通解有其有祭主者自爲大功矣十字

旣以出降　毛本降下有大功二字

傳曰何以期也

不敢降其祖與適　通典無敢字與疏合

傳曰何以期也妾不得體君

豈可女君降其父母　要義同毛本無可字

疏衰裳齊牡麻絰無受者

又有舊君舊君中兼天子諸侯　毛本通解舊君二字不重出

傳曰寄公者何也

又反服之 徐本通典集釋敖氏同毛本反作更○按疏云至葬更服

等是諸侯 毛本等作尊

黜爵削地削地盡 要義同毛本削地二字不重出

傳曰何以服齊衰三月也 通解無服字 ○宗子之母在 子石經補缺誤作祖字

八十齊喪之事不與 要義同毛本喪作衰通解作衰○按王制是喪字

傳曰爲舊君者

且今義已斷 要義楊氏同毛本且作但

恩深於人故也 毛本人作民○按賈疏應諱民字

亦致仕是致仕之中有二也 要義同毛本無是致仕三字

庶人爲國君

庶人或有在官者 通典作庶人或有自在官者下有謂工匠之屬也六字

天子畿内之民 畿釋文作圻云本又作畿

傳曰何以服齊衰三月也妻言與民同也

大夫越竟逆女非禮 女要義作婦○按公羊傳是女字要義非也淩曙云求内辭當作女

故去可以無服矣 陳本通解同毛本矣作也

繼父不同居者

繼父已於期章釋了 毛本通解了作訖楊氏誤作子

傳曰何以齊衰三月也

則曾祖宜大功　徐本通典集釋通解楊氏同毛本無宜字

高祖曾祖　通典作曾祖高祖盧文弨云通典先曾後高與下言曾孫元孫語相貫

其中含有曾高二祖而言之也　要義同毛本通解曾高作高曾○按曾高正與通典所引注合

尊此尊者也　通解要義同毛本尊此作此尊按毛本是

舊君

庶人本繼土地　監本同毛本土作上

本爲君埽其宗廟爲服　要義同毛本埽作歸下節疏並同

傳曰大夫爲舊君○埽其宗廟　毛本埽作歸唐石經徐本通典集釋通解楊氏敖氏俱作埽○嚴杰云檀弓穆公問於子思節疏引亦作埽

爲三諫不從 徐陳通解楊氏同毛本通典集釋爲俱作謂

故并言寄公 毛本無故字

可以不服而服之 陳閩俱無而服二字

是以此舊君 通解同毛本無此字

傳曰嫁者

此著不降 徐陳通典集釋通解楊氏同毛本著作者嚴本作此者恐誤

又女子子爲祖父母 陳閩又作及毛本無母字通解有

傳亦不敢言降其祖父母傳不言不敢降其祖者 毛本無者字按此二句疑有誤當云傳亦不言不敢降其祖諸本衍九字此本者字亦衍通解衹有傳不言不敢降六字又按前女子子傳明言不敢降其祖也此疏云云亦不可解

云此著不降　通解同毛本著作者

大功布衰裳

欲見殤不成人故故前略後具　毛本不重故字

殤文不縟　毛本文作女

未可言布體與人功　毛本通解人作大

子女子子之長殤中殤

可殤者　殤戴按集釋改作傷按疏云可哀殤者亦當爲可哀傷者

欲使大功下殤有服故也　陳本通解同毛本殤作爲

則大功下殤無服故　毛本通解故作矣

傳曰何以大功也未成人也何以無受也　瞿中溶云石本原刻也何作何也

○其文縟文石經補鈌誤作未○故殤之經不樛垂雜中落云石本原刻作摎从手傍

○皆爲無服之殤毛本爲上無皆字唐石經徐本聶氏集釋要義楊氏敖氏俱有皆字○則父

名之通解脫則字

有所識眄要義同毛本眄作盼陳閩監本通解俱作盻按玉篇云眄俗作眄說文眄目偏合也今俗以眄盻盼混爲一字故遂誤爲盻盼宜作眄

至小祥又以輕服受之要義同毛本又作及按又是也

不絞帶之垂者要義同毛本通解無者字

皆服未成服之麻麻經麻帶要義同毛本無麻經二字

蓋不成也要義同毛本作蓋未成人也閩本作蓋未成人也

又云女子子者毛本又作及通解無及字亦無又字

叔父之長殤中殤

自此盡大夫庶子　自此盡通解楊氏俱作自叔父至

殤降一等　殤降二字楊氏倒要義無殤字

在功　要義楊氏同毛本通解在下有大字

其長殤

則知成人大功已上經有纓明矣　陳本通解同毛本上作下

通屈一條繩屈之武　通解毛本屈之武作爲武聶氏作屬之於武按此本屈字蓋屬字之誤通解作爲武與前注合

垂下爲纓　此本爲下脫纓字據聶氏通解毛本補入

傳曰大功布九升

凡天子諸侯卿大夫既虞自此以下五十四字徐本集釋俱在此節注末與此本合通解楊氏俱在上節與毛本同盧文弨云金曰追亦謂脫誤在上文弨細審當以在上者爲是宋本不可從○按此亦可爲傳注連寫之證鄭於經下注云受猶承也卽載傳而釋之曰此受之下也經注與傳注一氣相承以下或釋經或釋傳皆發明受服之義此注之變例不必與他節同也

非內喪也古文依此禮也毛本脫下六字徐本集釋俱有通解楊氏俱無戴校集釋云古文下當有訛脫

於此具言通解同毛本具作其

因故衰無受服之法受陳閩俱作之

不言受麻以葛要義楊氏同毛本無以字

云凡天子諸侯卿大夫既虞自此至末共一百五十四字毛本在上節注下

經正三月者　毛本通解楊氏正下有言字

傳曰何以大功也

以本朞　毛本以下有其字

故於此薄爲之大功　通解楊氏同毛本此下有從字功下有也字

從父昆弟

昆弟親爲之朞　昆要義作兄

爲人後者爲其昆弟

故抑之　陳閩監本通解同毛本抑作次

傳曰何以大功也

於兄弟降一等者　要義同毛本通解兄作昆

儀禮注疏卷三十一挍勘記終

奉新余成教挍

儀禮疏卷第三十二

唐朝散大夫行大學博士弘文館學士臣賈公彦等撰

適婦適婦適子之妻　疏○注適婦適子之妻○釋曰疏於孫故次之其婦從夫而服其舅姑期其舅姑從子而服其婦大功降一等者也

傳曰何以大功也不降其適也婦言適者從夫名　疏○釋曰此傳問者以其適庶之子其妻等是婦而爲庶婦小功特爲適婦服大功故發問也荅不降其適故也若然父母爲適長三年今爲適婦不降一等服期者長子本爲正體於上故加至三年婦直是適子之妻無正體之義故直加於庶婦一等大功而已

女子子適人者爲衆昆弟父在則同父沒乃爲父後者服期也　疏○釋曰前云姑姊妹女子子出適在章首者情重故至此女子子反爲昆弟在此者抑之欲使厚於夫氏故次在此也爲本親降一等是其常故無傳也云父沒乃爲父後者服期也者不杖章所云是也

姪丈夫婦人報爲姪男女服同　疏○注爲姪男女服同○釋曰姪

卑於昆弟故次之不言男子女子而言丈夫婦人者姑與姪在室出嫁同以姪女言男人見嫁出因此謂姪男爲丈夫亦見長大之稱是以鄭還以男女解之傳曰姪者何也謂吾姑者吾謂之姪疏○釋曰云謂吾姑者吾謂之姪者名雖對姑生稱若對世叔雖得言昆弟之子不得姪名也

夫之祖父母世父母叔父母疏○釋曰以其義服故次在此記云爲夫之兄弟降一等此皆夫之朞故妻爲之大功也傳曰何以大功也從服也夫之昆弟何以無服也其夫屬乎父道者妻皆母道也其夫屬乎子道者妻皆婦道也謂弟之妻婦者是嫂亦可謂之母乎故名者人治之大者也可無愼乎道猶行也言婦人棄姓無常秩嫁於父行則爲母行嫁於子行則爲婦行謂弟之妻爲婦者卑遠之故謂之婦嫂者尊嚴之稱是嫂亦可謂之母乎。嫂猶叟也叟老人稱也是爲序男女之别爾若已以母婦之服服兄弟之妻兄弟之妻以舅子之服服己則是亂昭穆之序也治猶理也父母兄弟夫婦之理人倫之大者可不慎乎大傳曰同姓傳從宗合族屬異姓主名治際會名著而男女有别疏曰至慎乎○釋曰問者怪無骨肉之親而重服大功故致問也若從服也從夫而服故大功也若然夫之祖父母世父母爲此妻著何服也案下緦麻章云婦爲夫之諸祖父母報鄭注謂夫所服小功者則此夫所服朞不報限王肅以爲父爲衆子朞妻小功爲兄弟之子朞其妻亦小功以其兄弟之子猶子引而進之進同己子明妻同可知夫之昆弟何以無服巳下摠論兄弟之妻不爲夫之兄弟服夫之兄弟不爲兄弟妻服之事云其夫屬乎父道者妻皆母道也其夫屬乎子道者妻皆婦道也此二者尊卑之敘並依昭穆相爲服即此經爲夫之世叔父母服是也云謂弟之妻婦者是嫂亦可謂之母乎者此二者欲論不著服之事若著服則相親近于淫亂故不著服推而遠之遠乎淫亂故無服也又云名者人治之大者也可無慎乎者欲明母之與婦本是路人今來嫁于父子之行則生母婦之名既名母婦即有服有服則相尊敬遠于淫亂者也是母婦之名人理之大可不慎乎當慎之若然兄弟之妻本無母婦之名名兄妻爲嫂者尊嚴之稱名弟妻爲

婦與子妻同號者推而遠之下同子妻也是兄弟妻旣無母婦之名今名爲嫂婦者假作此號使遠于淫亂故不相爲服也○注道猶至有別○釋曰云謂弟之妻爲婦者卑遠之故謂之婦者使下同子妻則本無婦名假與子妻同遠之也云嫂者尊嚴之稱是嫂亦可謂之母乎者此因弟妻名爲婦以致斯問言不可也云嫂猶叟也叟老人稱也者叟有兩號若孔注尚書西蜀叟叟是頑愚之惡稱若左氏傳云趙叟在後叟是老人之善名是以名爲嫂嫂婦人之老稱故云老人之稱云是爲序男女之別爾者謂不名兄妻爲母是次序昭穆之別也云若己以母婦之服服兄弟之妻兄弟之妻以舅子之服服己則是亂昭穆之序也者此解不得之意何者以弟妻爲婦即以兄妻爲母而以母服服兄妻又以婦服服弟妻又使妻以舅服服夫之兄又使兄妻以子服服己夫之弟則兄弟反爲父子亂昭穆之次序故不得以兄妻爲母者也故聖人深塞亂源使兄弟之妻本無母婦之名不相爲服也引大傳者云同姓從宗合族屬者謂大宗子同是正姓姬姜之類屬聚也合聚族人於宗子之家在堂上行食燕之禮即繫之以姓而弗別綴之以食而弗殊是也又云異姓主名治際會者主名謂母與婦之名治正也際接也以母婦正接之會聚則宗子之妻食燕族人之婦於房是也云名著而男女有

別者謂母婦之名明其有則男女各有分別而無淫亂也大夫爲世父母叔父母子昆弟昆弟之子爲士者子謂庶子疏○注子謂庶子○釋曰大夫爲此八者本朞今以爲士故降至大功亦爲重出此文故次在此也云子謂庶子者若長子在斬章故謂庶子也傳曰何以大功也尊不同也尊同則得服其親服尊同謂亦爲大夫者親服期疏○注尊同至服期○釋曰尊同謂亦爲大夫者經言大夫爲之明尊同是亦爲大夫也云親服期者此八者並見期章是也公之庶昆弟大夫之庶子爲母妻昆弟公之庶昆弟則父卒也大夫之庶子則父在也其或爲母謂妾子也疏○釋曰云公之庶昆弟大夫之庶子者此二人各自爲母妻爲昆弟服大功此並受厭降卑於自降故次在自降人之下○注公之至子也○釋曰若云公子是父在今繼兄而言昆。弟故知父卒也又公子父在爲母妻在五服之外今服大功故知父卒也云大夫之庶子則父在也者以其繼父而言又大夫卒子爲母妻得伸今但大功故知父在也云其或爲母

謂妾子也者以其爲妻昆弟其禮並同又於適妻皆大夫自不降其子皆得伸今在大功明妾子自爲己母也

傳曰何以大功也先君餘尊之所厭不得過大功也大夫之庶子則從乎大夫而降也父之所不降子亦不敢降也言從乎大夫而降則於父卒如國人也昆弟庶昆弟也舊讀昆弟在下其於厭降之義宜蒙此傳也是以上而同之父所不降謂適也

【疏】傳曰至降也○釋曰問者怪此等皆合重服期今大功故發問也荅云先君餘尊之所厭不得過大功也者此直荅公之庶昆弟以其公在爲母妻厭在五服外公卒猶爲餘尊之所厭不得過大功其大夫之子據父在有厭從於大夫降一等大夫若卒則得伸無餘尊之厭也云父之所不降子亦不敢降也者此傳云而降遂言不降者也此傳雖文承大夫下亦兼解公之昆弟未悉公爲何人不降弟公不降子亦不降與大夫同也○注言從至適也○釋曰以大夫尊少身在降一等身沒其庶子則得伸如國人也云昆弟庶昆弟也者若適則在父之所不降之中故知庶昆弟也云舊讀昆弟在下其於厭降之義宜蒙此傳也是以

上而同之者言舊讀謂鄭君以前馬融之等以昆弟二字抽之在傳下今皆易之在上鄭檢經義昆弟乃是公之庶昆弟大夫之庶子所為者父以尊降庶子亦厭而為昆弟大功是知宜蒙此傳則昆弟二字當在傳上與母妻宜蒙此傳同為厭降之文不得如舊讀也云父所不降謂適也者不指不降之人而云謂適者欲見適中非一謂父為適妻適子之等皆是也

皆為其從父昆弟之為大夫者皆者言其互相為服尊同則不相降其為士者降在小功適子為之亦如之

疏○注皆者至如之○釋曰此文承上公之庶昆弟大夫之庶子之下則是上二人為此從父昆弟之為大夫者以其二人為父所厭降親今此從父昆弟為大夫故此二人不降而服大功依本服也言皆者鄭云互相為服者以彼此相為同是從父昆弟相為著服故云皆互相見之義故也云其為士者降在小功者降亦等故也云適子為之亦如之者雖適不降同故也

為夫之昆弟之婦人子適人者婦人子者女子子也不言女子子者因出見恩疏

疏○注婦人至恩疏○釋曰此亦重出故次從父昆弟下此謂世叔母為之服在家期出嫁大功云不言女子子者因出見恩疏者女在家

室之名是親也婦者事人之稱是見疏也今不言女與母而言夫之昆弟與婦人子者是因出見恩疏故也

大夫之妾爲君之庶子下傳曰何以大功也妾爲君之黨服得與女君同指爲此也妾爲君之長子亦三年自爲其子期異於女君也士之妾爲君之衆子亦期

疏○注下傳至亦期○釋曰妾爲君之庶子輕於爲夫之昆弟之女故次之引下傳曰何以大功也妾爲君之黨服得與女君同指爲此也者彼傳爲此經而作故云指爲此在下者鄭彼云文爛在下爾故也云妾爲君之長子亦三年者妾從女君服得與女君同故亦同女君三年又云自爲其子期異於女君也者以其女君從夫降其庶子大功夫不厭妾故自服其子期是異於女君也云士之妾爲君之衆子亦期謂亦得與女君期者亦是與己子同故也

女子子嫁者未嫁者爲世父母叔父母姑姊妹舊讀合大夫之妾爲君之庶子女子子嫁者未嫁者言大夫之妾爲此三人之服也

疏○注舊讀至服也○釋曰此是女子子逆降旁親又是重出故次之於此知逆降者此經云嫁者爲世父已下出降大功自是常法更言未嫁者亦爲世父已下非未嫁逆降如何云舊讀合大夫之妾爲君

之庶子女子子嫁者未嫁者言大夫之妾爲此三人之服也
者此馬融之輩舊讀如此鄭以此爲非故此下注破之也之
傳曰嫁者其嫁於大夫者也未嫁者成人而
未嫁者也何以大功也妾爲君之黨服得與
女君同○下言爲世父母叔父母姑姊妹者謂
妾自服其私親也此不辭即實爲妾遂自服其私親
當言其以明之齊衰三月章曰女
子子嫁者未嫁者爲曾祖父母經與此同足以明之矣傳所
云何以大功也妾爲君之黨服得與女君同文爛在下爾女
子子成人者有出道降旁○釋曰云嫁者其嫁於大夫
親及將出者明當及時也【疏】者也未嫁者成人而未嫁者
也此二者依鄭爲世父已下七人本服皆期未嫁者逆降之
服大功也云何以大功也妾爲君之黨服得與女君同者此
傳當在上大夫之妾爲君之庶子下爛脫誤在此但下言二
字及者謂妾自服其私親也九字摠十一字既非子夏自著
又非舊讀者自安是誰置之也今以義必是鄭君置之鄭君
欲分別舊讀者如此意趣然後以注破之云此不辭者謂此

分別文句不是解義言辭也云即實爲妾遂自服其私親當言其以名之者此鄭欲就舊章讀破之案不杖期章云女子子適人者爲其父母昆弟之爲父後者也又云公妾以及士妾爲其父母自爲其親皆言其以明妾爲私親今此不言其明非妾爲私親一人逆降一人合降不得合云二人是二人爲此七人等逆降者又引齊衰三月章曰女子子嫁者未嫁者爲曾祖父母經與此同足以見之矣者彼二人爲曾祖是正尊雖出嫁亦不降此則爲旁親雖未嫁亦逆降聖人作文是同足以明之明是二人爲此七人不得以嫁者未嫁者上同君之庶子下文爲世父以下爲妾自服私親也云傳所云何以大功也妾爲君之黨服得與女君同文爛在下爾者此傳爲大夫之妾爲君之庶子而發應在女子子之上君之庶子之下以簡札韋編爛斷後人錯置於下是以舊讀將爲此本在於此是以遂誤也云女子子成人者有出道降旁親者成人鄭依經正解之以其嫁者降旁親是其常而云未嫁者成人有出未嫁亦降旁親者謂女子子十五已後許嫁笄爲成人將出者嫁之道是以雖未出即逆降世父已下旁親也云及將出者明當及時也者謂女子子年十九後年二月冠子娶妻之月其女當嫁今年遭此世父已下之喪若依本服期者過後二月月不得及時逆降在大功大功之末可以嫁子則於二月得

及時而嫁是以云明當及時也大夫大夫之妻大夫之子公之昆弟爲姑姊妹女子子嫁於大夫者君爲姑姊妹女子子嫁於國君者疏○釋曰此等姑姊巳下應降而不降又兼重出其文故次在此也此大夫大夫妻大夫之子公之昆弟四等人尊卑同皆降旁親姑姊巳下一等大功又以出降當小功但嫁於大夫尊同無尊降直有出降故皆大功也但大夫妻爲命婦若夫之姑姊妹在室及嫁皆小功若不爲大夫妻又降在緦麻假令彼姑姊妹亦爲命婦唯小功耳今得在大夫科中者此謂命婦爲本親姑姊妹巳之女子子因大夫大夫之子爲姑姊妹女子子寄文於夫與子姑姊妹之中不煩別見也云君爲姑姊妹女子子嫁於國君者國君絕期巳下今爲尊同故亦不降依嫁服大功傳曰何以大功也尊同也尊同則得服其親服諸侯之子稱公子公子不得禰先君公子之子稱公孫公孫不得祖諸

侯此自卑別於尊者也若公子之子孫有封
爲國君者則世世祖是人也不祖公子此自
尊別於卑者也是故始封之君不臣諸父昆
弟封君之子不臣諸父而臣昆弟封君之孫
盡臣諸父昆弟故君之所爲服子亦不敢不
服也君之所不服子亦不敢服也不得禰不得祖者不得立
其廟而祭之也卿大夫以下祭其祖禰則世世祖是人不得
祖公子者後世爲君者祖此受封之君不得祀別子也公子
若在高祖以下則如其親服後世遷之乃毀【疏】傳曰至不
其廟爾因國君以尊降其親故終說此義云敢服也○
釋曰云何以大功也問者以諸侯絕旁服則大夫降一等今
此大功故發問也荅曰云尊同也尊同則得服其親服者大
夫與諸侯所以亦爲服者各自以爲尊同故服之也若然大
夫之下則云命婦大夫之子國君之下不云夫人世子亦同

國君不降可知云諸侯之子稱公子已下因尊同遂廣說尊不同之義也但諸侯之子適適相承象賢而旁支庶已下並爲諸侯所絕不得稱諸侯子變名公子案禮記注云庶子言公卑遠之是以子與孫皆言公見疏遠之義故也云此自卑別於尊者也者謂適既立廟支庶子孫不立廟是自卑別於尊者也云若公子之子孫有封爲國君者謂若周禮典命云公八命卿六命大夫四命其出封皆加一等是公之子孫或爲天子臣出封爲五等諸侯是公子有封爲國君之事云則世世祖是人也不祖公子此自尊別於卑者也者謂後世將此始封之君世世祖是人也不祖公子謂不復祀別子也云是故始封之君不臣諸父昆弟者以其初升爲君諸父是祖之一體又是父之一體其昆弟既是父之一體又是已之一體故不臣此二者仍爲之著服也云封君之子不臣諸父而臣昆弟者以其諸父尊故未得臣仍爲之服昆弟卑故臣之不爲之服亦既不臣當服本服期其不臣者爲君所服當服斬以其與諸侯爲兄弟者雖在外國猶爲君斬不敢以輕服服至尊明諸父昆弟雖不臣亦不得以輕服服君爲之斬衰可知云封君之孫盡臣諸父昆弟者繼世至孫漸爲貴重故盡臣之不言不降而言不臣君是絕宗之人親疏皆有臣道故雖未臣子孫終是爲臣故以臣言之云故君之所爲服子

亦不敢不服也者此欲釋臣與不臣君之子與君同之義云君之所爲服者謂君之所不臣者君爲之服者子亦服之故云子亦不敢不服也云君之所不臣者子亦不敢服也者然此謂君所臣之者君不爲之服子亦不敢服之以其子從父升降故也○注不得至義云○釋曰云不得禰不得祖者不得立其廟而祭之也者鄭恐人以傳云不得禰不得祖令甲不別之不得將爲禰祖故云不得者不得立其廟而祭之名爲不得也以其廟已在適子爲君者立之旁支庶不得並立廟故云不得也云卿大夫以下祭其祖禰鄭言此者欲見公子公孫若立爲卿大夫得立三廟若作上士得立二廟若作中士得立一廟並得祭其祖禰既不祖禰先君當立別子已下以其公子公孫並是別子若魯桓公生世子名同者後爲君慶父叔牙季友等謂之公子公子並爲別子不得禰先君桓公之廟慶父等雖爲卿大夫未有廟至子孫已後乃得立別子爲大祖不毁廟已下二廟祖禰之外次第則遷之也故云卿大夫已下祭其祖禰也雖得祭祖禰但不得禰祖先君也云則世世祖是人不得祖公子者此謂鄭疊傳文也云後世爲君者祖此受封之君不得祀別子也者此鄭解義語以其後世爲君祖此受封君解世世祖是人不得祀別子解不祖公子者也以其別子卑始封君尊是爲自尊別於卑者也云公

子若在高祖以下則如其親服者此解始封君得立五廟五廟者大祖與高祖已下四廟今始封君後世乃不毁其廟爲大祖於此始封君未有大祖廟唯有高祖以下四廟則公子爲別子者得入四廟之限故云公子若在高祖以下則如其親如其親謂自禰已上至高祖以次立四廟云後世遷之乃毁其廟爾者謂始封君死其子立即以父爲禰廟禰高祖者爲高祖之父當遷之又至四世之後始封君爲高祖父當遷之時轉爲大祖通四廟爲五廟定制也故云後世遷之乃毁其廟也云國國君以尊降其親故終說此義云者自諸臣之子已下既非經語而傳汎說降與公子之義故云終說也

繐衰裳牡麻絰既葬除之者 疏 ○釋曰此繐衰是諸侯之臣爲天子在大功下小功上者以其天子七月葬既葬除故在大功九月下小功五月上又繐雖如小功升數又少故在小功上也此不言帶屨者以其傳云小功之繐也則帶屨亦同小功可知

傳曰繐衰者何以小功之繐也 治其縷如小功而成布四升半細其縷者以恩輕也升數少者以服至也凡布細而疏者謂之繐今南陽有鄧繐 疏 ○注治其至鄧繐○釋曰傳問者正問縷之麤細不問升數多少故荅云小功

之總也若然小功總知據縷麤細非升數者下記人記出升數而總衰四升有半鄭彼注云服在小功之上者欲著其縷之精麤也故云注亦云治其縷如小功而成布四升半也云細其縷者以恩輕也者以其諸侯大夫是諸侯臣於天子爲陪臣唯有聘問接見天子天子禮之而已故服此服是恩輕也云升數少者以服至尊也者諸侯爲天子服至尊義服斬縷加三升半陪臣降君改服至尊加一升四升半也云凡布細而疏者謂之總者此喪服謂之總由總而疏若非喪服細而疏亦謂之總故云凡以總之云今南陽有鄧總者謂漢時南陽郡鄧氏造布有名總言此者證凡布細而疏即是總之義

諸侯之大夫爲天子【疏】○釋曰此經直云大夫則大夫中有孤卿以其小聘使下大夫大聘或使孤或使卿也故大行人云諸侯之孤以皮帛繼子男故知大夫中兼孤卿

傳曰何以總衰也諸侯之大夫以時接見乎天子接猶會也諸侯之大夫以時會見於天子而服之則其士庶民不服可知【疏】○注接猶至可知○釋曰傳問者怪其重此既陪臣何意服四升半布七月乃除答云以時接見乎天子者爲有恩故服之云接猶會也諸侯之大夫以時會見於

天子而服之者案周禮大宗伯有時見曰會彼諸侯聘時見曰會無常期曰時會此鄭云以時會見者直據諸侯大夫時復會其問覜天子禮此即周禮大宗伯云時聘曰問殷覜曰視鄭注云時聘者亦無常期天子有事乃聘之焉竟外之臣既非朝歲不敢瀆爲小禮是天子有事乃遣大夫來聘彼又注云殷覜謂一服朝之歲以朝者少諸侯乃使卿以大禮衆聘焉一服朝在元年七年十一年此時唯有侯服一服朝故餘五服並使卿來見天子此並是以時會見天子天子待之以禮皆有委積飧饔饗食燕與時賜加恩既深故諸侯大夫報而服之也云則其士庶民不服可知者上文云庶人爲國君注云天子畿內之民服天子亦如之即知畿外之民不服可知今又言之者以畿外內民庶於天子有服無服無明文今因畿外諸侯大夫接見天子者乃有服不聘天子者即無服明民庶不爲天子服可知故重明之若然諸侯之士約大夫不接見天子則無服明士不接見亦無服可知其有士與卿大夫聘時作介者雖亦得禮介本副使不得天子接見亦不服可知

小功布衰裳澡麻帶絰五月者澡者治去莩垢不絶其本也小記曰下殤小功帶澡麻不絶其本屈而反以報之

疏 小功至月者○釋曰此殤小功章在此者本齊衰大

功之親爲殤降在小功故在成人小功之上也但言小功者對大功是用功麤大則小功是用功細小精密者也自上以來皆帶在絰下今此帶在絰上者以大功已上絰帶有本小功以下斷本此殤小功中有下殤小功帶不絶本與大功同故進帶於絰上倒文以見重故與常例不同也且上文多直見一絰包二此別言帶者亦欲見帶不絶本與絰不同故兩見之也又殤大功直言無受不言月數此直言月不言無受者聖人作經欲互見爲義大功言無受此亦無受此言五月彼則九月七月可知又且下章言卽葛此章不言卽葛亦是兼見無受之義也又不言布帶與冠文略也不言屨者當與下章同吉屨無絇也○注澡者至報之○釋曰云澡者治去莩垢者謂以枲麻又治去莩垢使之滑淨以其人輕竟故也引小記者欲見下殤小功中有本是齊衰之喪故特言下殤若大功下殤則人緦麻是以特據下殤云屈而反以報之者謂先以一股麻不絶本者爲一條展之爲繩報合也以一頭屈而反鄉上合之乃絞垂必屈而反以合者見其重故也引之者證此帶亦不絶本屈而反以報之也若然此章亦有大功長殤在小功者未知帶得與斬衰下殤小功同不絶本不案服問云小功無變也又云麻之有本者變三年之葛彼云小功無變據成人小功無變三年之葛有本得變之則知大

功殤長中在小功者輕帶無本也以此而言經注專據齊斬下殤小功重者而言其中無有大功之殤在小功帶麻絕本者似若斬衰章兼有義服傳直言衰三升升冠六升不言義服衰三升半者也若然姑姊妹出適降在小功者以其成人非所哀痛帶與大功之殤同亦無本也

叔父之下殤適孫之下殤昆弟之下殤大夫庶子爲適昆弟之下殤爲姑姊妹女子子之下殤爲人後者爲其昆弟從父昆弟之長殤

疏○釋曰此經自叔父已下至女子子之下殤八人皆是成人期長殤中殤大功已在上殤大功章以此下殤小功故在此章也仍以尊者在前卑者居後云爲人後者爲其昆弟之長殤從父昆弟之長殤此二者以本服大功今長殤中殤小功故在此章從父昆弟情本輕故在出降昆弟後也

傳曰問者曰中殤何以不見也大功之殤中從上小功之殤中從下

問者據從父昆弟之下殤在緦麻也大功小功皆謂服其成人也大功之殤中

從上則齊衰之殤亦中從上也此主謂丈夫之爲殤者服也凡不見者以此求之也【疏】○注問者至求之也○釋曰不直云何以而云問者曰者以其傳總問大功小功所問非一故云問者曰與常例不同鄭云問者據從父昆弟之下殤在緦麻也者以其緦麻章見從父昆弟之下殤此章見從父昆弟之長殤唯中殤不見故致問是以據從父昆弟也云大功小功皆謂服其成人也者以其緦麻章傳云齊衰之長中從上大功之殤中從下據此二傳言之禮無殤在齊衰則下齊衰之殤與大功之殤據成人明此大功與小功之殤據服其成人可知也若然此經大功之殤唯有爲人後者爲昆弟及從父昆弟二者長殤中殤在此小功其成人小功之殤中從下自在緦麻於此言之者欲使小功與大功相對故兼言之也云大功之殤中從上則齊衰之殤亦中從上也者以此傳云大功之殤中從上小功之殤中從下而言則大功重者中從上齊衰重於大功明從上可知故謂舉輕以明重也又云此主謂丈夫之爲殤者服也者鄭以此云大功之殤中從上小功之殤中從下緦麻章云齊衰之殤中從上大功之殤中從下兩文相反故鄭以彼謂婦人爲夫之族類此謂丈夫爲殤者服也鄭必知義然者以其此傳發在從父昆弟丈夫下下文發傳在婦人爲夫之親下故知義然也云凡不見

者以此求之也者周公作經不可具出畧舉以明義故云不見者以此求之也爲夫之叔父之長殤不見中殤者中從下也疏〇注不見至下也〇釋曰夫之叔父義服故次在此成人大功故長殤降一等在小功云不見中殤者中從下也者下傳云大功之殤中從下主謂此婦人爲夫之黨類故知中從下在緦麻也昆弟之子女子子夫之昆弟之子女子子之下殤爲姪庶孫丈夫婦人之長殤疏〇釋曰云昆弟之子女子子夫之昆弟之子女子子之下殤者此皆成人爲之齊衰期長中殤在大功故下殤在此小功也云爲姪庶孫丈夫婦人之長殤者謂姑爲姪成人大功長殤在此小功不言中殤中從上不言男子女子而言丈夫婦人亦是見恩疏之義庶孫者祖爲之大功長殤中殤亦在此小功言丈夫婦人亦是見恩疏也大夫公之昆弟大夫之子爲其昆弟庶子姑姊妹女子子之長殤大夫爲昆弟之長殤小功謂爲士者若不仕者也以此知爲大夫無殤服也公之昆弟不言庶者此

無服無所見也大夫之子不言庶者闕適子亦服此殤也云公之昆弟爲庶子之長殤則知公之昆弟猶大夫【疏】○釋曰云大夫公之昆弟大夫之子爲其昆弟庶子姑姊妹女子子之長殤者謂此三人爲此六種人成人以尊降至大功故長殤小功中亦從上此一經亦尊卑爲次序也○注大夫至大夫○釋曰云大夫爲昆弟之長殤小功謂爲士者若不仕者也者凡爲昆弟成人期長殤在大功今大夫爲昆弟長殤小功明大夫爲昆弟降一等成人大功長殤中殤在小功若昆弟亦爲大夫同等則不降今言降在小功明是昆弟爲士若不仕者也云以此知爲大夫無殤服也者巳爲大夫則冠矣丈夫冠而不爲殤是以知大夫無殤服矣若然大夫身用士禮巳二十而冠而有兄姊殤者巳與兄姊同十九而兄姊於年終死巳至明年初二十因喪而冠是巳冠成人而有兄姊殤也且五十乃爵命今未二十巳得爲大夫者五十乃爵命自是禮之常法或有大夫之子有盛德謂若甘羅十二相秦之等未必要至五十是以得有幼爲大夫者也若然曲禮云四十強而仕則四十然後爲士今云殤死者爲士若不仕則爲士而殤死亦是未二十得爲士者謂若士冠禮鄭目錄云士之子任士職居士位二十而冠則亦是有德未二十爲士至二十乃冠故鄭引管子書四民之業士亦世焉是

也云公之昆弟不言庶者此無服無所見也者經云公之昆弟多兼言庶此特不云公之庶昆弟直云公之昆弟者若爲母則兼云庶以其適母適庶之子皆同服妾子爲母見厭不申今此經不爲母服爲昆弟巳下並同長殤故不言庶也云大夫之子不言庶者闕適子亦服此殤也者若言大夫庶子爲昆弟謂言適子不服之若不言庶子則兼適庶是以鄭云不言庶子者闕適子闕通也通適子亦服此服也云公之昆弟爲庶子之長殤則知公之昆弟猶大夫者舊疑大夫與公之昆弟尊卑異今案此經云公之昆弟與大夫同降昆弟巳下成人大功長殤同小功則知此二人尊卑同故云猶大夫也

大夫之妾爲庶子之長殤君之庶子

疏○注君之庶子○釋曰妾爲君之庶子成人在大功巳見上章今長殤降一等在此小功云君之庶子者若適長則成人隨女君三年長殤在大功與此異故言君之庶子以別之也

儀禮疏卷第三十二

元缺卷今補

依要義分

江西督糧道王賡言廣豐縣知縣阿應鱗栞

儀禮注疏卷三十二挍勘記　阮元撰盧宣旬摘錄

夫之祖父母　案此本自三十二卷至三十七卷並缺今據要義分

故妻爲之大功也　通解要義同毛本無妻字

傳曰何以大功也從服也

道猶行也言婦人棄姓無常秩嫁於父行則爲母行嫁於子行則爲婦行　下二十四字毛本脫徐本通典集釋通解俱有楊氏無浦鏜云爾疋疏亦有

是嫂亦可謂之母乎嫂猶叟也　上八字毛本脫徐本通典集釋通解俱有與疏合通典乎下更有言不可三字按若無言不可三字則空述傳文殊覺無謂注意言嫂者雖是尊嚴之稱然竟謂之母則不可也不過比之以老人耳賈疏曰云嫂者尊嚴之稱是嫂亦可謂之母乎者此因弟妻名爲婦以致斯問言不可也此首尾述注而中間釋其義疏家每有此例非杜氏取賈氏疏羼入鄭注也宜補入叟釋文作傻

叟老人稱也　人下集釋有之字

婦爲夫之諸祖父母報　陳本要義同毛本報作服

則此夫所服舂不報限　要義同毛本報限作服報

引大傳者云　要義同毛本無者字

姬姜之類之　陳閩俱作子

大夫爲世父母○子昆弟昆弟之子　昆弟二字通典不重

公之庶昆弟

今繼兄而言昆弟　要義通解楊氏同毛本無昆字

傳曰何以大功也○不得過大功也　瞿中溶云石本原刻無過字

則庶子亦厭而爲昆弟大功　要義同毛本無子字

不得如舊讀也 陳閩俱脫讀字

爲夫之昆弟之婦人子適人者

婦人子者 徐陳通典通解要義楊敖同毛本集釋無子字要義無者字

大夫之妾

妾爲君之長子亦三年 徐陳通典集釋通解楊氏同毛本年作等

女子子嫁者未嫁者 瞿中溶云石本原刻無女子

傳曰嫁者○妾爲君之黨服 爲下通典有女字前經及本傳爾注並同按喪服小記妾從女君而出則不爲女君之子服注云妾爲女君之黨服得與女君同亦有女字○按有女字非是經云君之庶子女子子則是君之黨而非女君之黨也

○下言爲世父母叔父母姑姊妹者謂妾自服其私親也 按此二十一字乃鄭所引舊讀之文與下此不辭相連皆爲注文而上節鄭注舊讀以下三十

二字當次於傳文女君同之下則一氣相連曰言曰下言文義顯然矣鄭引此舊讀而破之曰此不辭盖鄭破舊說而欲顛倒傳文也自寫者誤分注爲兩截亂舊讀三十二字於傳曰之前而又誤鄭注下言二十一字爲傳則舊讀甚是鄭若破之是破傳非破舊讀矣鄭不言傳誤而但言舊讀誤是傳必不與舊讀合矣盖鄭意謂傳何以至君同十六字爲庶子以下之傳文而誤爛在女子子節嫁者至者也十九字傳文之下唐以前寫校之人麤淺不審因爛下之文遂疑下言二十一字爲傳文而爛在下耳今依舊讀則少其字爲不辭依鄭讀則顛倒傳文未嫁逆降更招駁議然不必論此是非但論鄭注古本爲何如必是說注爲傳也新舊二說是非與此無涉也元於乾隆五十八年校太學石經即立此說删此二十一字見石經校勘記中及元督學山東覆校石經者又復增入此外近儒諸說紛歧皆非也

當言其以明之徐本通典集釋敖氏同毛本明作見張氏曰注曰當言其以明之又曰足以明之矣按釋文見恩注云下以見同下無以見字必是誤作以明也從釋文○按疏述注亦作見

傳曰何以大功也尊同也

不得祖公子者　張氏曰注曰不得祖公子又曰不得祀別子按釋文云不復扶又反復謂此二句得字誤也不得者禁止之辭也公子禰先君公孫祖諸侯于禮爲僭禁之可也其曰不得禰不得祖宜也君公子之子孫有封爲國君者則後世不祖公子人情然也何用禁爲不復云者蓋既祖此則不再祖彼焉禰經于上禰先君祖諸侯皆云不得于下止言不祖義可見矣今改二句之得爲復從釋文○按張說當矣但疏以則世世祖是人不得祖公子者兩句爲疊傳則得字者字宜俱屬衍文下句得字乃當作復爾釋文不云下同明注中止一復字

以其初升爲君　初閩本作祖

又是父之一體　父下陳閩俱有子字

以其與諸侯爲兄弟者　其閩本作皆

漸爲貴重　通解要義同毛本漸作斬○按漸字是

云卿大夫以下　云陳閩俱作六

不得祖公子者 按得字亦疑衍

此謂鄭疊傳文也 謂字疑衍

不得祀別子也者 按此得字亦當作復後人既改注併改疏

此解始封君得立五廟五廟者 要義同毛本五廟二字不重出

大祖 要義同毛本祖下有一廟二字

則如其親如其親謂自禰已上 要義同毛本如其親三字不重出

云因國君以尊降其親 要義同毛本以下有大祖二字

總衰裳牡麻絰

以其傳云 要義通解楊氏同毛本以其作案下

傳曰總衰者何以小功之總也 段玉裁云之縷唐石經已譌之總程瑶田曰據注亦當依

段改正之檀弓下云請緦衰而環絰注緦衰小功之縷而四升半之衰疏以爲約喪服傳文則此緦字當爲縷字之誤許宗彥云傳解爲小功之縷注解治縷如小功此遞相解若傳文爲縷則可不更注矣蓋緦兼縷及升數兩層也段程皆誤

而成布尊四升半　徐本同毛本無尊字

以服至也　徐本同毛本至下有尊字張氏曰注曰治其縷如小功而成布尊四升半又曰以服至也按疏上句多一尊字下句少一尊字後記緦衰之注云不敢以兄弟之服服至尊也與疏下句之義合並從疏

故云注亦云　上云字疑當作此

傳曰何以緦衰也

何意服四升半布七月乃除　要義同毛本布作而

其有士與卿大夫聘時作介者　要義同毛本通解無有字

小功布衰裳澡麻帶絰五月者

爲殤降在小功　聶氏通解要義同毛本在下有外字

自上以來　聶氏要義同毛本上作土

且上文多直見一經包二　包要義作苞是也通解作包

又不言布帶與冠　通解要義敖氏同毛本又作入

吉屨無絇也　吉陳閩通解俱作言

經注專據斬衰下殤小功重者而言　斬衰陳閩監本俱作齊斬通解作齊衰斬

叔父之下殤

八人皆是成人期　陳閩通解楊氏同毛本八作入

長殤中殤大功　通解楊氏同毛本中作下

云爲人後者爲其昆弟之長殤要義同毛本無之長殤三字按經云爲人後者爲其昆弟李氏以爲昆弟下少之長殤三字盖据疏知之也

今長殤中殤小功通解要義同毛本無中殤二字

傳曰問者曰

此主謂丈夫之爲殤者服也丈徐本通典集釋俱作大通解楊敖毛本俱作丈張氏曰疏作丈從疏

在婦人爲服之親下服通解要義俱作夫

昆弟之子女子子

中從上上要義作下通解楊氏俱作上

大夫公之昆弟

此無服 通典無下有母字通解無作庶張氏曰注曰公之昆弟不言庶者此無服無所見也按疏云若爲母則兼云庶以其適母適庶之子皆同服妾子爲母見厭不申今此經不爲母服爲昆弟以下長殤並同故不言庶也考疏之義無盖庶字也從疏○按須如通典作此無母服乃與疏合張氏改無爲庶雖云從疏實非疏意

同等則不降 通解要義同毛本則作期

而有兄姊殤者 陳本通解要義同毛本姊作弟○按姊是也

是已冠成人而有兄姊殤也 要義同毛本通典巳作以

則四十然後爲士 士要義作仕通解作士

爲昆弟已下並同長殤 下四字張氏識誤引作長殤並同

儀禮注疏卷三十二挍勘記終

奉新余成教挍

儀禮疏卷第三十三

唐朝散大夫行大學博士弘文館學士臣賈公彦等撰

小功布衰裳牡麻絰即葛五月者○即就也小功輕三月變麻因故衰以就葛絰帶而五月也閒傳曰小功之葛與緦之麻同舊說小功以下吉屨無絢也

疏○注即就至絢也○釋曰此是小功成人章輕於殤小功故次之此章有三等正降義其衰裳之制澡絰等與前同故畧也云即葛五月者以此成人文縟故有變麻從葛故云即葛但以日月爲足故不變衰也不列冠屨承上大功文畧小功又輕故亦不言也言日月者成人文縟故具言也云即就也者謂去麻就葛也引閒傳欲見小功有變麻服葛法既葬大小同故變同之也引舊說云小功以下吉屨無絢也者以小功輕非直喪服不見屨諸經亦不見其屨以輕畧之是以引舊說爲證絢者案周禮屨人職屨舄皆有絢繶純純者於屨口緣繶者牙底接處縫中有絛絢者屨鼻頭有飾爲行戒吉時有行戒故有絢喪中無行戒故無絢以其小功輕故從吉屨爲其大飾故無絢也

從祖祖父母從祖

父母報祖父之昆弟之親〔疏〕○注祖父至之親○釋曰此亦從尊向卑故先言從祖祖父母已上章巳先言父次言祖次言曾此從祖祖父母是曾祖之子祖之兄弟故次之是以鄭言祖父之昆弟之親者云從祖父母者是從祖祖父之子是父之從父昆弟之親故鄭并言祖父之昆弟之親云報者恩輕欲見兩相爲服故云報也

從祖昆弟父之從父昆弟之子〔疏〕○注父之至之子○釋曰此是從祖父之子故鄭云父之從父昆弟之子巳之再從兄弟以上三者爲三小功也

從父姊妹父之昆弟之女〔疏〕○注父之昆弟之女○釋曰此謂從父姊妹在家大功出適小功不言出適與在室姊妹既逆降宗族亦逆降報之故不辨在室及出嫁也

孫適人者孫者子之子女孫在室亦大功也〔疏〕○注孫者至功也○釋曰以女孫在室與男孫同大功故出適小功也

爲人後者爲其姊妹適人者不言姑者舉其親者而恩輕者降可知〔疏〕○注不言至可知○釋曰云不言姑者舉其親者而恩輕者降可知案詩云問我諸姑遂及伯姊注云先姑後姊尊姑也是姑尊而不親姊妹親而不尊故云不言姑舉姊妹親者也

爲

外祖父母傳曰何以小功也以尊加也疏○釋曰發問者是傳之不得決此以云外親之服不過緦今乃小功故發問云以尊加也者以言祖者祖是尊名故加至小功言爲者以其母之所生情重故言爲猶若衆子恩愛與長子同退入朞故特言爲衆子也

從母丈夫婦人報從母，母之姊妹疏○注從母母之姊妹○釋曰母之姊妹與母一體從於己母而有此名故曰從母言丈夫婦人者母之姊妹之男女與從母兩相爲服故曰報云丈夫婦人者馬氏云從母報姊妹之子男女也丈夫婦人者異姓無出入降若然是皆成人長大爲號

傳曰何以小功也以名加也外親之服皆緦也外親異姓正服不過緦丈夫婦人姊妹之子男女同疏○注外親至女同○釋曰云以名加也者以有母名故加至小功云外親之服皆緦也者以其異姓故云外親以本非骨肉情疏故聖人制禮無過緦也言此者見有親與母名即加服之意耳注云外親異姓者從母與姊妹子舅與外祖父母皆異姓故揔言外親也

夫之姑姊妹娣姒婦報夫之姑姊妹不殊在

室及嫁者因恩輕畧從降。疏○注大夫至從降○釋曰：夫之姑姊妹，夫爲之期，妻降一等，出嫁小功，因恩踈畧從降，故在室及嫁同小功。若此，釋恐謂未當報，然文不爲娣姒設，以其娣姒婦兩見，更相爲服自明，何言報也？既報字不爲娣姒，其報於娣姒上者，以其於夫之兄弟使之遠別，故無名，使不相爲服，要娣姒婦相爲服，亦因夫而有。姑娣姒婦下云報，使娣姒上蒙夫字以冠之也。

傳曰：娣姒婦者，弟長也。何以小功也？以爲相與居室中，則生小功之親焉。娣姒婦者，兄弟之妻相名也。長婦謂稺婦爲娣婦，娣婦謂長婦爲姒婦。○疏○注娣姒至姒婦○釋曰：傳云「娣姒婦者，弟長也」者，此二字皆以女爲形，以弟爲聲，則據二婦立稱，謂年小者爲娣，故云娣弟，是其年幼也；年大者爲姒，故云姒長，是其年長。假令弟妻年大，稱之曰姒；兄妻年小，謂之曰娣。是以左氏傳穆姜是宣公夫人，大婦也；聲伯之母是宣公弟叔肸之妻，小婦也。聲伯之母不聘，穆姜云「吾不以妾爲姒」，是據二婦年大小爲娣姒，不據夫年爲小大之事也。

大夫、大夫之子、公之昆弟爲從父昆弟、庶孫、姑姊妹女子子適士者從父昆弟及庶孫亦謂爲士者疏○注從父至士者○釋曰從父昆弟庶孫本大功此三等以尊降入小功姑姊妹女子子本期此三等出降入大功若適士又降一等入小功也此等以重出其女姑姊妹又以再降故在此鄭云爲父昆弟及庶孫亦謂爲士者以經女子子下揔云適士鄭恐人疑故鄭別言之以其從父昆弟及庶孫已見於大功章今在此故三等人降親一等故知此文亦謂爲士者也

大夫之妾爲庶子適人者君之庶子女子子也庶女子子在室大功其嫁於大夫亦大功疏○注君之至大功○釋曰此云適人者謂士是以本在室大功出降故小功鄭云嫁於大夫亦大功者直有出降無尊降故也

庶婦夫將不受重者疏○注夫將不受重者○釋曰經云於支庶舅姑爲其婦小功鄭云夫將不受重則若喪服小記注云世子有廢疾不可立而庶子立其舅姑皆爲其婦小功則亦兼此婦也

君母之父母從母君母父之適妻也從母君母之姊妹疏○注君母至姊妹○釋曰此亦謂妾子爲適妻之父母及君母姊妹知適妻子爲之同也

傳曰何以小功也君母

在則不敢不從服君母不在則不服不敢不服者恩實輕也凡庶子爲君母如適子

疏。注不敢至適子。釋曰何以發問者以既不生已母又非骨肉怪爲小功故發問也荅云不敢不從服者言無情實但畏敬故云不敢不從服也云君母不在者或出或死故直云不在容有數事不在也鄭云不敢不服者恩實輕也者以解不敢意也云如適子者則如適妻之子非正適長而據君母在而云如若君母不在則不如若然君母在既爲君母父母其已母之母或亦兼服之若馬氏義君母不在乃可申矣

君子子爲庶母慈已者君子子者大夫及公子之適妻子

疏。注君子至妻子。釋曰鄭云君子子者大夫及公子之適妻子者禮之通例云君子與貴人皆據大夫已上公子尊卑比大夫故鄭據而言焉又國君之子爲慈母無服士又不得稱君子亦復自養子無三母具故知此二人而已必知適妻子者妾子賤亦不合有三母故也

傳曰君子子者貴人之子也爲庶母何以小功也以慈已加也云君子子者則父在也父沒則不服之矣以慈已加則君子子

亦以士禮爲庶母緦也內則曰異爲孺子室於宮中擇於諸母與可者必求其寬裕慈惠溫良恭敬慎而寡言者使爲子師其次爲慈母其次爲保母皆居子室他人無事不往又曰大夫之子有食母庶母慈已者此之謂也其可者賤於諸母謂傅姆之屬也其不慈已則緦可矣不言師保慈母居中服之可知也國君世子生卜士之妻大夫之妾使食子三年而出見於公宮則劬非慈母也士之妻自養其子【疏】庶母何以小功也發問者以諸侯與士之子皆無此服唯此貴人大夫與公子之子猶有此服故發問也荅云慈已加也故以緦麻上加至小功也云君子子者則父在也者以其言子繼於父故云父在且大夫公子不繼世身死則無餘尊之厭如凡人則無三母慈已之義故知父在也云父沒則不服之矣者以其無餘尊雖不服小功仍服庶母緦麻也如士禮故鄭又云以慈已加則君子子以士禮爲庶母緦也是其本爲庶母緦麻也內則已下至非慈母也皆內則文彼文承國君與大夫士之子生之下鄭以彼注云爲君養子之禮今此鄭所引證大夫公子養子之法以其大夫公子適妻亦得立三母故也云異爲孺子室於宮中者鄭注云特埽一處以處之更不別室還於側室生子之處也云擇於諸母與可者諸母謂父之妾即此經庶母者也云

○注云君至其子○釋曰云爲

可者彼注云可者傳御之屬也謂母之外別有傳母御妾之等有德行者可以充三母也云必求其寬裕慈惠溫良恭敬愼而寡言者寬謂寬弘裕謂容裕慈謂恩慈惠謂惠愛溫謂溫潤良謂良善恭謂恭恪敬謂敬肅愼謂謹愼寡言謂審詞語有此十行者得爲子師始終與子爲模範故取德行高者爲之也故彼注云子師教示以善道者云其次爲慈母彼注云慈母知其嗜欲者德行稍劣者爲慈母即此經慈母是也又云其次爲保母者德行又劣前者爲保母彼注云保母安其居處者云皆居子室者以皆是子母是以居子之室也云他人無事不往者彼注云爲兒精氣微弱將驚動也又云大夫之子有食母者彼注云選於傳御之中喪服所謂乳母也案下章云乳母注云謂養子者有他故賤者代之慈已者若然大夫三母之内慈母有他故使賤者代慈母養子謂之乳母死則服之三月與慈母服異引之者證三母中又有此母也君與士皆無此事云庶母慈已者此之謂也者謂此經庶母慈已則内則所云之謂也云其可者賤於諸母謂傳姆之屬也者傳姆謂女師鄭注昏禮云姆婦人年五十無子出而不復嫁能以婦道教人者若今時乳母矣鄭注内則云可者傳御之屬與此注不同者無正文故注有異相兼乃具云其不慈已則緦可矣者覆解子爲三母之服謂諸母也傳云

以慈己加若不慈己則不加明本當緦也云不言師保慈母居中服之可知也者周公作經舉中以見上下故知皆服之矣云國君世子生卜士之妻大夫之妾使食子三年而出見於公宮則劬非慈母者皆引此者彼既揔據國君與卿大夫士養子法向來所引唯據大夫與公子養子法故更見國君養子之禮但國君子之三母具如前說三母之外別有食子者二者之中先取士妻無堪者乃取大夫妾不并取之案彼注謂先有子者以其須乳故也劬勞三年子大出見公宮則劬之以束帛此經慈母以其無服故也知國君子於三母無服者案曾子問孔子曰古者男子外有傅內有慈母君命所使教子也何服之有以此而言則知天子諸侯之子於三母皆無服也云士之妻自養其子者此亦內則文取之者以其君大夫養子已具故因論士之養子法彼注云賤不敢使人也

緦麻三月者

緦麻布衰裳而麻絰帶也不言衰絰畧輕服省文

疏◯注緦麻至省文◯釋曰此章五服之內輕之極者故以緦如絲者爲衰裳又以澡治莩垢之麻爲絰帶故曰緦麻也三月者凡喪服變除皆法天道故此服之輕者法三月一時天氣變可以除之故三月也云緦麻布衰裳者緦則絲也但古之緦麻字通用故作緦字直云而麻絰帶也案上殤小功章云澡麻絰帶況緦

服輕明亦澡麻可知云不言衰絰畧輕服省文者據上殤小功言絰帶故成人小功與此緦麻有絰帶可知故云畧輕服省文也

傳曰緦者十五升抽其半有事其縷無事其布曰緦謂之緦者治其縷細如絲也或曰有絲朝服用布何衰用絲乎抽猶去也雜記曰緦冠繰纓

疏○注謂之至繰纓○釋曰云緦者十五升抽其半者以八十縷爲升十五升千二百縷抽其半六百縷縷麤細如朝服數則半之可謂緦而疏服最輕故也云有事其縷無事其布曰緦者案下記云大夫弔於命婦錫衰傳曰錫者十五升抽其半無事其縷有事其布曰錫鄭注云謂之錫錫者治其布使之滑易也不錫者不治其縷哀在內也緦者不治其布哀在外若然則二衰皆同升數但錫衰重故治布不治縷哀在內故也此緦麻衰治縷不治布哀在外故也云謂之緦者治其縷細如絲也者以其麤細與朝服十五升同故細如絲也云或曰有絲者有人解有用絲爲之故云緦又曰朝服用布何衰用絲乎者此鄭以義破或解朝服謂諸侯朝服緇布衣及天子朝服皮弁服白布衣皆用布至於喪衰何得及絲乎故不可也引雜記緦冠繰纓者以其斬衰纓纓重於冠齊衰已下纓與冠等上傳曰齊衰大功冠其受

也緦麻小功冠其衰也則此云緦冠者冠與衰同用緦布但繰纓者以灰繰治布爲纓與冠別以其冠與衰皆不治布纓則繰治以其輕故特異於上也

族曾祖父母族祖父母族父母族昆弟

族曾祖父者曾祖昆弟之親也族祖父者亦高祖之孫則高祖有服明矣

【疏】○注族曾至明矣○釋曰此即禮記大傳云四世而緦服之窮也名爲四緦麻者也云族曾祖父母者已之曾祖親兄弟也云族祖父母者已之祖父從父昆弟也云族父母者已之父從祖昆弟也云族昆弟者已之三從兄弟皆名爲族族屬也骨肉相連屬以其親盡恐相疏故以族言之耳云祖父之從父昆弟之親者欲推出高祖有服之意也以已之祖父與族祖父相與爲從昆弟族祖父與已之祖俱是高祖之孫此四緦麻又與已同出高祖已上至高祖爲四世旁亦四世旁四世旣有服於高祖有服明矣鄭言此者舊有人解見齊衰三月章直見曾祖父母不言高祖以爲無服故鄭從下鄉上推之高祖有服可知上章不言者鄭彼注高祖曾祖皆有小功之差服同故舉一以見二也然則又云族祖父者鄭意以族祖父者上連祖父之從父昆弟爲義句也故下亦高祖之孫也明已之祖父即高祖之正孫族祖父高祖之旁孫也

庶孫

之婦庶孫之中殤庶孫者成人大功其殤中從上此當爲下殤言中殤者字之誤爾又諸言中者皆連上下也疏○注庶孫至下也○釋曰庶孫之婦緦者以其適子之婦大功庶子之婦小功適孫之婦小功庶孫之婦緦是其差也云庶孫之中殤注云庶孫者成人大功其殤中從上者則長中殤皆入小功章中故云此當爲下殤言中殤者字之誤爾又諸言中者皆連上下也者謂大功之殤中從上小功緦麻之殤中從下謂殤之內無單言中殤者此經單言中殤故知誤宜爲下也從祖姑姊妹適人者報從祖父從祖昆弟之長殤不見中殤者中從下疏○注不見至從下○釋曰此一經皆本服小功是以此經或出適或長殤降一等皆緦麻云不見中殤者中從下者以其小功之殤中從下故也其云從祖父長殤謂叔父者也外孫女子子之子疏○注女子子之子○釋曰云外孫者以女出外適而生故云外孫從父昆弟姪之下殤夫之叔父之中殤下殤言中殤者明中從下疏○注言中至從下○釋曰從父昆弟成人大功長中殤在小功故下

殤在此章也姪者爲姑之出降大功長中殤小功故下殤在此也夫之叔父成人大功長殤在小功故中下殤在此以下傳言之婦人爲夫之族類大功之殤中從下故鄭據而言之也**從母之長殤報**（疏）○釋曰從母者母之姊妹成人小功故長殤在此中下之殤則無服故不言云報者以其疏亦兩相爲服也案小功章已見從母報服此殤又云報者以前章見兩俱成人以小功相報此章見從母與姊妹子亦俱在殤死相爲報服故二章並言報也

庶子爲父後者爲其母（疏）○釋曰此爲無冢適唯有妾子父死庶子承後爲其母緦也**傳曰何以緦也傳曰與尊者爲一體不敢服其私親也然則何以服緦也有死於宮中者則爲之三月不舉祭因是以服緦也**君卒庶子爲母大功大夫卒庶子爲母三年也士雖在庶子爲母皆如衆人（疏）傳曰至緦也○釋曰傳發問者怪其親重而服輕故問引舊傳者子夏見有成文引以爲證云與尊者爲一體者父子一體如有首足者也云不敢服其

私親也者妾母不得體君不得爲正親故言私親也云然則
何以服緦也又發此問者前荅既云不敢服其私親即應全
不服而又服緦何也荅曰有死於宫中者則爲之三月不舉
祭因是以服緦也者云有死宫中者縱是臣僕死於宫中亦
三月不舉祭故此庶子因是爲母服緦也有死即廢祭者不
欲聞凶人故也○注君卒至衆人○釋曰云君卒庶子爲母
大功者大功章云公之庶昆弟爲其母是也以其先君在公
子爲母在五服外記所云是也先君卒則是今君庶昆弟爲
其母大功先君餘尊之所厭不得過大功今庶子承重故緦
云大夫卒庶子爲母三年也者以其母在大功父卒無餘尊
所厭故伸三年士雖在庶子爲母皆如衆人者士卑無厭故
也鄭并言大夫士之庶子者欲見不承後者如此服若承後
則皆緦故并言之也向來經傳所云者據大夫士之庶子承
後法若天子諸侯庶子承後爲其母所服云何案曾子問云
古者天子練冠以燕居鄭云謂庶子王爲其母無服案服問
云君之母非夫人則羣臣無服唯近臣及僕驂乘從服唯君
所服服也注云妾先君所不服也禮庶子爲後爲其母緦言
唯君所服申君也春秋之義有以小君服之者時若小君在
則益不可據彼二文而言曾子問所云據小君在則練冠五
服外服問所云據小君沒後其庶子爲得申故鄭云申君是

以引春秋之義母以子貴若然天子諸侯禮同與大夫士禮有異也

士爲庶母（疏）○釋曰上下體例平文皆士若非士則顯其名位傳云大夫巳上爲庶母無服則爲庶母是士可知而經云士者當云大夫巳上不服庶母庶人又無庶母爲庶母服者唯士而巳故詭例言士也

傳曰何以緦也以名服也大夫以上爲庶母無服（疏）○釋曰發問者除士以外皆無服庶母服獨士有服故發問荅云以名服也以有母名故有服云大夫以上爲庶母無服者以其降故無服此傳解特稱士之意也

貴臣貴妾（疏）貴臣貴妾○釋曰此貴臣貴妾謂公士大夫爲之服緦以等非南面故服之也

傳曰何以緦也以其貴也此謂公士大夫之君也殊其臣妾貴賤而爲之服貴臣室老士也貴妾姪娣也天子諸侯降其臣妾無服士卑無臣則士妾又賤不足殊有子則爲之緦無子則巳（疏）○釋曰發問者以臣妾言不應服故發問之也荅云以其貴也以非南面故簡貴者服之也○注此謂至則巳○釋曰云此謂公士大夫之君也者若士則無臣又不得簡妾貴賤天子諸侯又以此二者無服則知爲此服者是

儀疏三十三　喪服

公卿大夫之君得殊其臣妾貴賤而爲之服也云貴臣室老士也者上斬章鄭已注云室老家相也士邑宰也云貴妾姪娣也者案曲禮云大夫不名家相長妾士昏云雖無娣媵先是上姪娣不具卿大夫有姪娣爲長妾可知故以貴妾姪娣也云天子諸侯降其臣妾無服者以其絶朞已下故也云士卑無臣者孝經以諸侯天子大夫皆云爭臣士有爭友是士無臣也云妾又賤不足殊者以大夫已上身貴妾亦有貴士身賤妾亦隨之賤者故云妾又賤不足殊也云有子則爲之緦無子則已者喪服小記文

乳母謂養子者有他故賤者代之慈已疏○注謂養至慈已○釋曰案内則云大夫之子有食母彼注亦引此云喪服所謂乳母也以天子諸侯其子有三母具皆不爲之服士又自養其子若然自外皆無此法唯有大夫之子有此食母爲乳母其子爲之緦也云爲養子者有他故者謂三母之内慈母有疾病或死則使此賤者代之養子故云乳母也

傳曰何以緦也以名服也疏○釋曰怪其餘人之子皆無此乳母獨大夫之子有之故發問也答以名服有母名即爲之服緦也

從祖昆弟之子族父母爲之服疏○注族父母爲之服○釋曰云從祖昆弟之子者據已於

彼爲再從兄弟之子云族父母爲之服者據彼來呼已爲族父母爲之服緦也

曾孫孫之子

疏○注孫之子○釋曰據曾祖爲之緦不言玄孫者此亦如齊衰三月章直見曾祖不言高祖以其曾孫玄孫爲曾高同曾高亦爲曾孫玄孫爲之服同故二章皆畧不言高祖玄孫也

父之姑歸孫爲祖父之姊妹

疏○注歸孫至姊妹○釋曰案爾雅云女子謂晜弟之子爲姪謂姪之子爲歸孫是以鄭據而言焉

從母昆弟傳曰何以緦也以名服也

疏○釋曰傳問者怪外親輕而有服者荅云以名服者因從母有母名而服其子故云以名服也必知不因兄弟名以其昆弟非尊親之號是以上小功章云爲從母小功云以名加也爲外祖父母以尊加也知此以名者亦因從母之名而服其子爲義

甥姊妹之子

疏○注姊妹之子○釋曰云甥者舅爲姊妹之子

傳曰甥者何也謂吾舅者吾謂之甥何以緦也報之也

疏○釋曰發問者五服未有此名故問之荅云謂吾舅者吾謂之甥以其父之昆弟有世叔之名母之昆弟不可復謂之世叔故名爲舅舅既得別名故謂姊妹之子爲甥

亦爲別稱也云何以緦也報之也者此怪其外親而有服故發問也荅曰報之者甥既服舅以緦舅亦爲甥以緦也

壻女子子之夫也傳曰何以緦報之也疏○釋曰發問之者怪女之父母爲外親女夫服荅云報之者壻既從妻而服妻之父母妻之父母遂報之服前疑姪及甥之名而發問此不疑壻而發問者姪甥本親而疑異稱故發問而壻本是疏人宜有異稱故不疑而問之也

妻之父母傳曰何以緦從服也從於妻而服之疏○注從於妻而服之○釋曰傳發問者亦怪外親而有服荅云從服故有此服若然上言甥不次言舅此言壻次即言妻之父母者舅甥本親不相報故在後別言舅此壻本疏恐不是從服故即言妻之父母也

姑之子外兄弟也傳曰何以緦報之也疏○釋曰云外兄弟者姑是內人以出外而生故曰外兄弟傳發問者亦疑外親而服之故問也荅云報之者姑之子既爲舅之子服舅之子復爲姑之子兩相爲服故云報之也

舅母之昆弟傳曰何以緦從服也從於母而服之疏○注從於母而服之○釋曰傳發問者亦疑於外親而有

服荅從服者從於母而服之不言報者既是母之懷抱之親不得言報也

舅之子內兄弟也傳曰何以緦從服也

疏○釋曰云內兄弟者對姑之子云舅之子本在內不出故得內名也傳發問者亦以外親服之故問也荅云從服者亦是從於母而服之不言報者爲舅既言從服其子相於亦不得言報也

夫之姑姊妹之長殤夫之諸祖父母報諸祖父者夫之所爲小功從祖祖父母外祖父母或曰曾祖父母曾祖於曾孫之婦無服而云報乎曾祖父母正服小功妻從服緦

疏○注諸祖至服緦○釋曰夫之姑姊妹成人婦爲之小功長殤降一等故緦麻也云諸祖父者夫之所爲小功者妻降一等故緦麻者以其本疏兩相爲服則生報名云從祖祖父母外祖父母者此依小功章夫爲之小功者也云或曰曾祖父母者或人解諸祖之中兼有夫之曾祖父母凡言報者兩相爲服曾祖爲曾孫之婦無服何得云報乎鄭破或解也云曾祖父母正服小功妻從服緦者此鄭既破或解更爲成人而言若今本不爲曾祖齊衰三月而依差降服小功其妻降一等得有緦服今既齊衰三月明爲曾孫妻無服

君母之昆弟

疏○釋曰前章不

云君母姊妹而云從母者以其上連君之父母故也此昆弟單出不得直云舅故云君母之昆弟也傳曰何以緦從服也從於君母而舅服之也君母在則不敢不從服君母卒則不服也[疏]○注從於至服也○釋曰傳發問者怪非已母而服之荅云從服者雖本非已親敬君之母故從於君母而服緦也云君母在則不敢不從服君母卒則不服也者君母之昆弟從服與君母之父母故亦同○取於上傳解之也皆徒從從故所從亡則已也

從父昆弟之子之長殤昆弟之孫之長殤爲夫之從父昆弟之妻[疏]○釋曰從父昆弟之子之長殤昆弟之孫之長殤此二人本皆小功故長殤在緦麻中殤從下殤無服夫之從父昆弟之妻同堂姊姒降於親姊姒故緦也傳曰何以緦也以爲相與同室則生緦之親焉長殤中殤降一等下殤降二等齊衰之殤中從上大功之殤中從下同室者不如居室之親也齊衰大功皆服其成人也大功

之殤中從下則小功之殤亦中從下也此主謂妻爲夫之親服也凡不見者以此求之

疏 傳曰至從下〇釋曰何以緦發問者以本路人夫又不服之今相爲服故問之荅云以爲相與同室則生緦之親焉者以大功有同室同財之義故云相與同室則生緦之親焉云長殤中殤降一等下殤降二等者即云齊衰之殤中從上乃是婦人爲夫之族著殤法則此一等二等之傳雖文承上男子爲殤之下要此傳爲下婦人著殤服而發之若云長殤中殤降一等者據下齊衰中殤從上在大功也下殤降二等者亦是齊衰下殤在小功者也〇注同室至求之〇釋曰云同室者不如居室之親也者言同室者直是舍同未必安坐言居者非直舍同又是安坐以上小功章親娣姒婦發傳而云相與居室此從父昆弟之妻相爲即云相與同室是親疏相並同室不如居室中故輕重不等也云齊衰大功皆服其成人也者以其無殤在齊衰之服明據成人齊衰既是成人明大功亦是成人可知也云大功之殤中從上則小功之殤亦中從下者則舉上以明下上殤小功注云大功之殤中從上則齊衰之殤亦中從上彼注舉下以明上皆是省文之義故言一以包二也云此主謂妻爲夫之親服也者此傳又承婦人在夫家相爲著服之下又上文殤小功章已發傳據大功小功不據齊衰以其重

故據男子爲殤服而言此不言小功上取齊衰對大功以其輕故知婦人義服爲夫之親而發也云凡不見者以此求之者以其婦人爲夫之親從夫服而降一等而經傳不見者以此求也事意盡可知前章注爲丈夫而言此章更爲婦人出故兩處並見也

記

疏 ○釋曰儀禮諸篇有記者皆是記經不備者也作記之人其疏已在士冠篇

公子爲其母練冠麻麻衣縓緣爲其妻縓冠葛絰帶麻衣縓緣皆既葬除之

公子君之庶子也其或爲母謂妾子也麻者緦麻之絰帶也此麻衣者如小功布深衣爲不制衰裳變也詩云麻衣如雪縓淺絳也一染謂之縓練冠而麻衣縓緣三年練之受飾也檀弓曰練練衣黄裏縓緣諸侯之妾子厭於父爲母不得伸權爲制此服不奪其恩也爲妻縓冠葛絰帶妻輕

疏 ○注公子至妻輕○釋曰云練冠麻麻衣縓緣者以練布爲冠麻者以麻爲絰帶又云麻衣者謂白布深衣云縓緣者以緇爲縓色與深衣爲領緣爲其妻縓冠者以布爲縓色爲冠葛絰帶者又以葛爲絰帶云麻衣縓緣者與爲母同皆既葬除之者與緦麻所除同也云公子君之庶子也者則君之適夫人第二已下及八妾子皆名庶子云

其或爲母謂妾子也者以其適夫人所生第二已下爲母自與正子同故知爲母妾子也云麻者緦麻之絰帶也者以絰有二麻上麻爲首絰腰絰知一麻而含二絰者斬衰云苴絰鄭云麻在首在要皆曰絰故知此經亦然知如緦之麻者以其此言麻緦麻亦云麻又見記服弔服環絰鄭云大如緦之絰則此云子爲母雖在五服外絰亦當如緦之絰故鄭以此麻兼緦言之也云此麻衣者如小功布深衣知者案士之妾子父在爲母恭大夫之妾子父在爲母大功則諸侯妾子父在小功是其差次故知此當小功布也云爲不制衰裳變也者此記不言衰明不制衰裳變者以其爲深衣不與喪服同故云變也詩云麻衣如雪者彼麻衣及禮記檀弓云子游麻衣并閒傳云大祥素縞麻衣注皆云十五升布深衣與此小功布深衣異引之者證麻衣之名同取升數則異禮之通例麻衣與深衣制同但以布緣之則曰麻衣以采緣之則曰深衣以素緣之袖長在外則曰長衣又以采緣之袖長在衣內則曰中衣又以此此爲異也皆以六幅破爲十二幅連衣裳則同也云縓淺絳也者對三入爲纁爲淺絳云一染謂之縓者爾雅文案彼云一染謂之縓再染謂之赬三染謂之纁也云縓緣三年練之受飾也知者引檀弓云練衣黃裏縓緣注云練中衣以黃爲內縓爲飾爲中衣之飾據重服三年變服後

爲中衣之飾也此公子爲母在五服外輕故將爲人初死深衣之飾輕重有異故不同也云諸侯之妾子厭於父爲母不得申權爲制此服不奪其恩也者諸侯尊絕朞已下無服公子被厭不合爲母服不奪其母子之恩故五服外權爲制此服必服麻衣縓緣者麻衣大祥受服縓緣練之受飾雖被抑猶容有三年之哀故也云爲妻縓冠葛經帶妻輕者以縓布爲冠對母用練冠以葛是葬後受服而爲經帶對母用麻皆是爲妻輕故也

傳曰何以不在五服之中也君之所不服子亦不敢服也君之所爲服子亦不敢不服也君之所不服謂妾與庶婦也君之所爲服謂夫人與適婦也諸侯之妾貴者視卿賤者視大夫皆三月而葬

疏〇注君之至而葬〇旣曰傳發問者怪親母與妻其服大輕故問之荅云君之所不服者以尊降諸侯絕旁朞已下故不服妾與庶婦也公子以厭降亦不敢私服母與妻又云君之所爲服子亦不敢不服也者謂君之正統者也注云君之所不服謂妾與庶婦也者解傳意還釋上公子爲母與妻者也云君之所爲服謂夫人與適婦也者正統故不降也云諸侯之妾貴者視卿賤者視大夫皆三月而葬

者大戴禮文鄭不於上經葬之下注之至於此傳下乃引之者鄭意注傳云君之所不服謂妾與庶婦也下乃解妾有貴賤葬有早晚故至此引之見此意也云妾貴者謂諸侯一娶九女夫人與左右媵各有姪娣二媵與夫人之娣三人爲貴妾餘五者爲賤妾也卿大夫三月而葬之王制文

大夫公之昆弟大夫之子於兄弟降一等兄弟猶言族親也凡不見者以此求之【疏】○注兄弟至求之○釋曰此三人所以降者大夫以尊降昆弟以旁尊降大夫之子以厭降是以摠云降一等上經當已言訖今又言之者上雖言之恐猶不盡記人摠結之是以鄭云凡不見者以此求之云兄弟猶言族親也者以下云小功已下爲兄弟恐此兄弟亦據小功已下得降故曰猶族親也則此兄弟及下文爲人後者爲兄弟皆非小功已下猶族親所容廣也

爲人後者於兄弟降一等報於所爲後之兄弟之子若子言報者嫌其爲宗子不降【疏】○注言報至不降○釋曰謂支子爲大宗子後反來爲族親兄弟之類降一等云於所爲後之兄弟之子若子者此等服其義已見於斬章云言報者嫌其爲宗子不降者以

共出降本親又宗子尊重恐本親爲宗子有不敢降服之嫌故云報以明之言報是兩相爲服者也

兄弟皆在他邦加一等不及知父母與兄弟居加一等

皆在他邦謂行仕出遊若辟仇不及知父母父母早卒

疏○注皆在至早卒○釋曰云在他邦加一等者二人共在他國一死一不死相愍不得辭於親眷故加一等也云不及知父母與兄弟居加一等者謂各有父母或父母有早卒者與兄弟共居而死亦當愍其孤幼相育特加一等云皆在他邦謂行仕者孔子身行七十二國不見仕者以古者有出他國之法故云行仕也又云出遊者謂若孔子弟子朋友同周遊他國兄弟容有死者又云若辟仇者周禮調人云從父兄弟之仇不同國兄弟之仇辟諸千里之外皆有兄弟共行之法也云不及知父母父母早卒者或遺腹子或幼小未有知識而父母早死者也

傳曰何如則可謂之兄弟傳曰小功以下爲兄弟

於此發兄弟傳者嫌大功已上又加也大功以上若皆在他國則親自親矣若不及知父母則固同財矣

疏○注於此至財矣○釋曰發問者上經及記已有兄弟皆是降等唯此兄

弟加一等故怪而致問引舊傳者以有成文故引之云小功已下爲兄弟者以其加一等故也鄭云於此發兄弟傳者嫌大功以上又加也者鄭亦據於此兄弟加一等發傳者嫌大功已上親則親矣又加之故於小功發傳也云大功以上若皆在他國則親自親矣者不可復加者也云若不及知父母則固同財矣者據經不及知父母與兄弟居既親重則財食是同雖無父母恩自隆重不可復加也

儀禮疏卷第三十三

元缺卷今補依要義分

大清嘉慶二十年重
用文選樓藏本校

江西督糧道王賡言廣豐縣知縣阿應鱗栞

儀禮注疏卷三十三挍勘記　阮元撰盧宣旬摘録

小功布衰裳牡麻絰即葛五月者　唐石經徐陳聶氏集釋通解要義楊敖俱有者字石經考文提要云五服提綱凡十見俱有者字毛本無

因故衰以就葛絰帶　徐陳聶氏集釋通解要義楊敖同毛本故作攷案前後疏內多言故衰並據此注也

但以日月爲足　足聶氏作促

從祖祖父母

祖之兄弟　此句下故攷之是以鄭言祖父之昆弟之親者云十六字毛本通解楊氏俱無按上云從尊向卑此云故攷之謂攷在前也其曰是以鄭言云云乃承上起下之辭注內祖父二字平讀從祖祖父母是祖之昆弟之親從祖父母是父之昆弟之親注一語包經兩句故賈氏下文引釋從祖祖父母以明之聶氏引此

疏云從祖祖父母是曾祖之子故知是祖父之昆弟之親也此刪節疏文而失其意

是從祖祖父之子　父下聶氏要義俱有母字

從祖昆弟

此是從祖父之子　父下聶氏有母字通解楊氏俱無要義父下有祖字似誤

以上三者　通解楊氏毛本同聶氏要義以作此

爲外祖父母

不過緦　通解要義楊氏同毛本緦下有麻字

故言爲　此句下毛本無猶若衆子恩愛與長子同退入期故特言爲衆子十九字作故言爲也

傳曰娣姒婦者弟長也　釋文云弟大計反本亦作娣敖氏亦作娣按傳意似以弟訓娣以長訓姒敖氏謂此句釋娣婦之爲長婦也下有脫文此說誤甚娣婦爲長婦未之前聞

以弟爲聲　陳閩俱無以字聶氏作弟似爲聲按當作弟以爲聲似字即以字之誤

則據二婦立稱　要義同毛本立稱作互稱聶氏作立名

謂之曰娣　要義同毛本通解謂作稱

大夫大夫之子

姑姊妹女子子本期　通解要義同毛本不重子字

大夫之妾爲庶子適人者　爲下唐石經初刻及通典俱有君之二字通典庶子下有女子子三字按大功章云大夫之妾爲君之庶子又殤小功章云大夫之妾爲庶子之長殤注云君之庶子此經注云君之庶子女子子也二經皆蒙大功章文省去君之二字注特補之通典以注入經故於注不載首八字

傳曰何以小功也君母在

若君母不在則不如　陳本要義同毛本如作加

傳曰君子子者

此之謂也其可者賤於諸母謂傳姆之屬也下十三字毛本脫徐本通典集釋俱有與疏合。按釋文重出傳姆二字

則君子子以士禮爲庶母緦也聶氏要義同毛本不重子字

子師教示以善道者陳本要義同毛本教作敬按內則注作教

云其次爲慈母要義同毛本云作至此句下彼注云慈母五字毛本無

其次爲保母者要義同毛本無次字

則內則所云之謂也云要義同毛本無之謂也云四字

傳云以慈已加若傳陳閩要義俱作傳毛本作傅若要義作若毛本作者

別有食子者食陳閩俱作養

緦麻三月者

況緦服輕明亦澡麻可知　明要義作服通解作明

與此緦麻　通解要義同毛本與作於

傳曰緦者

不錫者不治其縷　聶氏無上不字

哀在內也　陳本聶氏通解要義同毛本哀作衰下兩言在內一言在外三哀字俱放此

謂諸侯朝服緇布衣　要義無上五字通解無朝服二字緇陳閩俱誤作之

族曾祖父母

族祖父者　通典父下有母字又此句上有祖父之從父昆弟父昆弟之親十二字按通典與疏合惟重出父昆弟三字當爲衍文

高祖曾祖皆有小功之差 要義同毛本無曾祖二字

從父昆弟姪之下殤

明中從下 徐本通典集釋敖氏同毛本通解無明字

長中殤在小功 通解要義楊氏同毛本無中字

傳曰何以緦也傳曰與尊者爲一體

恠其親重而服輕 要義同毛本恠作惟

因是以服緦也者 陳閩俱無緦字者字

庶子爲母大功者 要義重子字通解不重閩本無大功者三字

傳曰何以緦也以名服也

以有母名 陳本通解要義同毛本有作其

貴臣貴妾

釋曰此貴臣貴妾　毛本無貴臣二字

傳曰何以緦也以其貴也

此謂公士大夫之君也　此節全注徐本通典集釋俱在傳下通解楊氏毛本俱在傳前

以臣妾言　毛本作以臣與妾

注此謂至則已　此節疏要義在傳疏之後與徐本注合

士昏云　要義同毛本通解昏下有禮字

故以貴妾姪娣也　要義同毛本通解以作曰

傳曰何以緦也以名服也

獨大夫之子有之　子要義作法

曾孫

據曾祖爲之緦故下要義有彼字通解無

父之姑

女子謂晜弟之子爲姪要義同毛本通解楊氏晜俱作昆

從母昆弟

因從母有母名而服其子通解要義楊氏同毛本因作用

傳曰甥者何也

故謂姊妹之子爲甥要義同毛本謂下有之字

傳曰何以緦報之也唐石經徐本集釋通解要義敖氏同楊氏毛本緦下有也字

爲外親女夫服要義同毛本女下有之字

妻之父母

不次言舅　要義同毛本不作下

傳曰何以緦報之也

以出外而生故曰　通解要義楊氏同毛本曰作也

舅

母之昆弟　昆徐本集釋通解俱作昆毛本楊氏作兄戴震校集釋云考篇內及爾雅釋親皆不稱兄弟母妻之黨始稱之又爲小功以下通稱不宜溷同

傳曰何以緦　舅之子

對姑之子云舅之子　通解要義同毛本無下之字

其子相於　陳本要義同毛本通解於作施

夫之諸祖父母報　閩葛俱脫報字

諸祖父者　徐陳通解要義同毛本通典集釋父下有母字閩本父母二字擠刻

從祖祖父母　按通典此句下有卽祖之兄弟也從祖父母卽父之堂兄弟也十七字又注末妻從服緦下有於夫皆有名於已從輕遠故不復條目而總言諸祖也唯曾祖外祖父母不報三十字皆不類鄭注葢杜氏所附益唯從祖父母四字宜據補

外祖外母　程瑶田曰注及疏外祖字皆當爲從祖之譌前云從祖祖父母從祖祖父母者此依小功章夫爲之小功者也凡服必由近及遠不當舍從祖父母而服從祖祖父母況据傳外親之服皆緦爲外祖父母小功者以尊加也其夫本加服妻亦不當從服緦又檢記文夫之所爲兄弟服妻降一等條下賈疏云妻從夫服其族親卽上經夫之諸祖父母見於緦麻章据此族親字則注疏兩外字爲從字之譌無疑矣○按段玉裁按本亦云當作外祖父母正服小功妻從服緦此以外祖父母破曾祖父母之説也外祖父

母正服小功見小功章妻從服緦見禮記服問從無服而有服注賈作疏時未能正誤字耳經明言諸祖父母則祖父母三字成文故注於內親舉從祖祖父母於外親舉外祖父母皆見小功章妻從服緦麻而兩祖父母報之或從以曾祖父母易去外祖父母故鄭復辨之言假令曾祖父母在內則不得云報言外祖父母在內則與本經禮記合舉從祖祖父母可以關從祖父母舉外祖父母可以關從母皆見小功章妻皆從服緦皆報許宗彥云曾祖父母齊衰三月是尊尊之義其正服是小功若外祖父母小功乃是加服其正服當緦此明載上傳鄭氏不誤段說非也

故緦麻也　此句下云諸祖父者夫之所爲小功者妻降一等故緦麻者廿字毛本無通解有十四字

曾祖爲曾孫之婦無服　無下要義有降字通解無

君母之昆弟

以其上連君之父母故也　浦鏜云君下脱母字

傳曰何以緦

從於君母而舅服之也徐本同而舅服之也集釋通解毛本俱作而服緦也

君母之昆弟要義無之字父母故亦同同字誤在故亦下

取於上傳解之也要義無於字

皆徒從之要義無之字

從父昆弟之子之長殤

同堂娣姒堂要義作室通解作堂

故緦也要義同毛本緦下有麻字通典作故服緦也通解與毛本同

傳曰何以緦也

皆服其成人也服徐本通典集釋要義敖氏俱作服與疏合毛本通解作明通典服上有謂字與前

小功殤注同

若云長殤中殤降一等者　若下通解有然字

上殤小功注云　小通解要義俱作大

記公子爲其母

云練冠麻麻衣縓緣者　陳閩通解要義同毛本縓作緣按縓是也

君之庶子也者　要義無者字通解者作然

自與正子同　正通解要義俱作出○按正子有誤作出子者無作世子者此本作世子誤也今改從毛本盖長適同多爲世子然左氏云誓於天子則爲世子未誓於天子則爲公子故有世子而非適長者可知適長不得輒稱世子也鄭故以正子言之

麻在首在腰皆曰經　要義同毛本首下無在字按鄭注有在字要義是

以其此言麻緦麻　緦麻下通解要義俱有亦言麻三字要義言作云毛本無此三字

又見司服 要義同毛本司作總

故知此當小功布也 毛本此作已要義作此

麻衣與深衣制同 要義同毛本無與深衣三字

此服必服麻衣縓衣者 段玉裁按本下衣字作緣

傳曰何以不在五服之中也

公子以厭降 毛本以誤作亦

餘五者爲賤妾也 按要義於此下云下又引齊王子有其母死云云今疏無此説惟通解於經傳後附載孟子一條與前不杖期章昆弟之子疏引孟皮事同但要義於此云下又引則似疏元有此語尤不可曉

三月而葬之王制文 之字衍

大夫公之昆弟

上雖言之　上通解作以

皆非小功已下　非下通解有專據二字

為人後者於兄弟降一等　於要義作為與上節疏合按各本俱作於賀循引亦作於古於為二字通用前注云曾祖於曾孫之婦無服疏亦作為

○於所為後之兄弟之子若子　戴震按集釋云古人昆弟不稱兄弟凡稱兄弟皆疏遠者上節注云兄弟猶言族親是也所為後之子者其女子子也所為後之兄弟則其族親也舉遠以該近之辭若言兄弟之子則義不可通矣通典載賀循引喪服制曰為人後者為兄弟降一等報於所為後者之子兄弟若子其所見記文未舛誤今據以訂正盧文弨云石經已誤疏亦沿誤此條當附載於後○按援通典以正此節之誤始於金榜而戴震云所為後之子者其女子子也其解未見的確善乎程瑤田之言曰所為後之子設言所後者之真子也真子之兄弟小功以下之親也今為之服如真子一般故云若子兩子字非有二物如是而後此經可定蓋合傳記兩若子而為人後者之服畢舉矣許宗彥云昆弟之子舉其親兄弟之子舉其疏記文本不誤

反來爲族親兄弟之類降一等　要義作及通解作又俱誤

有不敢降服之嫌　通解要義同毛本無敢字

兄弟皆在他邦

同周遊他國　要義同毛本無周字

從父兄弟之仇　兄要義作昆

儀禮注疏卷三十三挍勘記終

奉新余成教挍

傳古樓景印